OBSERVATIONS

SUR

LES REPONSES PERSONNELLES

DU P. GIRARD, JESUITE,

ET DE LA DEMOISELLE CADIERE.

PREMIERES REPONSES *du Pere Girard.* **OBSERVATIONS.**

U vingt-trois Fevrier, dans le Palais de cette Ville de Toulon, où s'exerce la Justice, &c.

Constitué le Pere Jean - Baptiste Girard, Prêtre Jesuite, lequel moyennant serment *ad pectus.*

'*OBJET de ces Observations, est de montrer d'une part, que le Pere Girard a eu la mauvaise foi de nier un grand nombre de faits veritables, & qui sont prouvez, tant par la procedure, que par ses lettres ; & de l'autre, que ceux qu'il a avoüez suffiroient seuls pour sa conviction.*

1°. *Interrogé*, De son nom, surnom, âge, qualité & demeure.

A repondu. S'apeller Jean - Baptiste Girard, de la Ville de Dole en Franche - Comté, Prêtre Religieux de la Compagnie de Jesus, Recteur du Seminaire de la Maison de Toulon, âgé d'environ 50. ans.

2. *Int.* Pourquoi, & à la Requête de qui, il se presente devant Nous.

A rep. Qu'il se presente devant nous pour obéïr à la Justice, ensuite d'un decret d'assigné rendu, & lui a signifié ce jourd'hui.

La douceur de ce decret lui persuada de se hâter de profiter du tems, & de repondre le même jour, & sur le champ.

3. *Int.* Depuis quand il est dans cette Ville de Toulon.

A rep. Que c'est depuis le mois d'Avril 1728.

4. *Int.* S'il connoît la Demoiselle Catherine Cadiere de cette Ville de Toulon.

A rep. Et accordé.

5. *Int.* S'il a été son Confesseur, & depuis quand.

A rep. Qu'il avoit commencé de la confesser sur la fin du mois d'Avril, ou au commencement du mois de Mai de la même année.

6, *Int.* Si cette fille ne vint pas se confesser à lui par inspiration divine, & si elle ne le lui dit pas ?

A rep. Qu'après qu'il a eu commencé de la confesser, il a oüi dire à ses amies, qu'elle

1°. Il avoüe au moins de ne l'avoir pas oüi dire à la Cadiere.

A

disoit , que Dieu le lui avoit inspiré deux ans avant son arrivée en cette Ville , & même par son nom de Jean - Baptiste Girard ; que c'étoit le Confesseur que Dieu lui destinoit.

2°. La qualité de la direction , & les crimes infames qui en ont été le fruit , montrent assez la fausseté de la prediction.

7. *Int.* Si en venant à lui , elle ne lui dit pas que Dieu le lui avoit montré en le voyant passer dans l'Eglise des Carmes , par cette parole , *Ecce Homo ?*

A rep. Qu'elle le lui dit ; mais non pas la premiere fois qu'elle vint à lui , mais après , ce qu'elle a publié à plusieurs personnes.

1°. On doit apliquer ici la seconde notte faite sur l'article precedent.

2°. Tout cela n'avoit pour but de la part de l'Accusé , que de se donner pour un Directeur envoyé du Ciel.

3°. L'Auteur de la vie de Marie Alacoque , veut que le Pere de la Colombiere Jesuite , son Directeur , lui eût été predit de la même maniere ; ce n'est pas ici la premiere édition de cette invention.

8. *Int.* Si lui ne lui repondit pas , il y a huit jours que je vous attendois ?

A rep. Et nié le susdit interrogat.

Il avoit dit à la Cadiere , qu'il lui avoit été revelé qu'elle seroit sa Penitente , dans la vûe de s'accrediter d'avantage dans l'esprit de celle-ci , & qu'elle regardât comme des oracles de la sagesse divine tout ce qu'il lui ordonneroit dans la suite.

9. *Int.* Si la Cadiere lui avoit découvert les inspirations & les visions celestes qu'elle avoit.

A rep. Qu'elle a été plus d'un an à ne s'entretenir avec lui , que des choses très-ordinaires , & qui pouvoient regarder la direction de sa conscience , & que cela n'a été que par degrez , & petit à petit , qu'elle a commencé de lui parler de ses inspirations divines , & de ses visions.

Cette reponse prouve que non seulement la Cadiere n'avoit point d'extase & de revelation avant qu'elle fût sous la direction de l'Accusé , mais encore qu'elle n'en avoit pas au commencement de sa direction. Nous verrons par sa reponse au 23. Int. qu'il en fixe l'époque après la premiere année.

10. *Int.* S'il a sçu que le P. Dominicain avoit prêté un livre diffamant contre les Jesuites.

A rep. Qu'une Religieuse ayant dit au P. de Sabatier que ce livre avoit été prêté par le P. Cadiere Dominicain , & que le P. de Sabatier en ayant parlé à l'Official , qui sur cela , & sur d'autres sujets vouloit interdire le P. Cadiere ; lui repondant , s'entremit par charité pour finir cette affaire.

1°. Le fait du prêt du livre de la morale pratique des Jesuites est une suposition.

2°. Le Pere Cadiere n'a jamais excité par ses mœurs , ni par sa conduite le zele mal reglé de Messire Larmodieu.

11. *Int.* Si ce ne fut pas la Cadiere qui lui est allé demander d'assoupir cette affaire ?

A rep. Que non , & qu'elle ne lui en parla que dans le Confessional en le remerciant.

12. *Int.* Si ensuite la Demoiselle Cadiere ayant été malade , il ne lui fit pas des reproches de ce qu'elle ne le fit pas apeller ?

A rep. Qu'il ne lui a parlé qu'au Confessional , & qu'il se peut que lui ayant dit qu'elle avoit été malade , il se soit offert à elle comme un Directeur à sa Penitente.

Ce n'étoit pas au Confessional , mais au parloir des Jesuites qu'il lui avoit fait cette offre : les suites font aisément juger de sa qualité , & de l'intention de celui qui l'avoit faite.

13. *Int.* S'il ne se servoit pas alors de ce terme , *ne voulez-vous pas vous livrer à moi ?*

A rep. Que , par la grace de Dieu , cela ne lui est jamais arrivé à l'égard de qui que ce soit.

La procedure & tout ce procès prouvent la verité de cet interrogatoire , & la fausseté de la negative qu'il en a passée.

14. *Int.* S'il ne lui a pas tenu ce discours très-souvent dans le Confessional ?

A rep. Que non.

Il est prouvé par la procedure , qu'au Confessional il entretenoit souvent ses Penitentes de discours d'amour , & qu'il les y baisoit.

15. *Int.* Dans quel tems est arrivée l'avanture du livre dont nous lui avons parlé ci-dessus ?

A rep. Que c'étoit environ dans le mois de Septembre de l'année 1729.

16. *Int.* S'il n'a point pactisé avec le diable ?

A rep. Qu'il y a renoncé depuis 50. ans & qu'il travaille depuis 30. ans à y faire renoncer les autres.

17. *Int.* Si ce n'est pas du diable qu'il tient son talent de la prédication ?

A rep. Que non.

18. *Int.* Si en recompense de ce talent il n'a pas promis au diable autant d'ames qu'il pourroit lui en procurer ?

A rep. Que son unique occupation a été de les retirer.

19. *Int.* Si par son souffle , il n'a pas le pouvoir d'ensorceler , & de se faire aimer des femmes ?

A rep. Qu'il sçait que l'Eglise employe quelque fois cette cérémonie pour chasser le démon, & qu'il n'avoit jamais ouï dire qu'on l'eût employé pour le procurer, & qu'il ne s'en est jamais servi.

20. *Int.* S'il n'a jamais aproché la Demoiselle Cadiere dans cette intention, & s'il lui a soufflé dessus à la porte de sa maison ?

A rep. Que non.

21. *Int.* Si en consequence de ce souffle la Demoiselle Cadiere ne s'étoit pas sentie de l'amour pour lui, & si elle ne le lui avoit pas témoigné ?

A rep. Et nié, & que la Demoiselle Cadiere ne lui a jamais marqué ni par ses manieres, ni par ses paroles que des sentimens d'une Penitente bien reglée.

22. *Int.* Si en consequence de ce souffle la Demoiselle Cadiere ne fut pas livrée à des visions tant célestes que démoniaques ?

A rep. Et nié.

23. *Int.* Si la Demoiselle Cadiere lui a fait confidence de ses visions ?

A rep. Que 14. mois après qu'il a commencé de la confesser, elle lui fit part des visions & choses extraordinaires qu'elle prétendoit lui être arrivées.

Cette réponse, & celle au 9. Int. prouvent que les visions & les révélations n'ont commencé que 14. mois après que la Cadiere fut sous la direction de l'Accusé ; cela prouve la subornation & la fausseté des témoins du Promoteur, à qui l'on a fait dire qu'elle en avoit eu sous ses précédens Directeurs, & encore qu'il parle contre ses réponses, quand il le soutient ainsi à la page 2. de son Factum.

24. *Int.* Si elle l'en entretenoit souvent ?

A rep. Qu'elle lui en parloit dans la Confession, dans le commencement moins souvent & dans les suites plus fréquemment.

25. *Int.* Si elle se confessoit souvent.

A rep. Deux fois la semaine.

26. *Int.* De quelle espece étoient les visions & les choses extraordinaires qu'elle lui racontoit ?

A rep. Que c'étoit tantôt des mouvemens, & des connoissances particulieres qu'elle recevoit de ce qui se passoit en elle, de ce qu'elle devoit faire, de ce qui se passoit chez les autres, des visions des Saints, & des paroles interieures.

Cette reponse prouve : 1°. la verité des visions & revelations de la Cadiere, & leur qualité. 2°. Qu'elle sçavoit le secret des consciences. 3°. Que quand il le nie à la page 20. de son memoire, il parle contre cet aveu.

27. *Int.* Si elle lui a dit qu'elle avoit eu en vision Saint Jean l'Evangeliste, avec un livre cacheté de sept sceaux, où il écrivoit le nom de Jean-Baptiste, & celui de Catherine.

A rep. Qu'elle le lui a dit.

1°. *Cette vision est assez semblable à celle de Marie Alacoque, dans la quelle elle vit son cœur avec celui du Pere de la Colombiere, son Directeur, unis dans le cœur de Jesus-Christ.*

2°. *Cette vision prouve que l'Accusé avoit persuadé à la Cadiere que Dieu les avoit unis, & que c'étoit en remplissant tous les devoirs de cette union conjugale, qu'ils avoient merité que leurs noms fussent écrits ensemble dans le livre de vie.*

3°. *Qu'il l'en avoit si bien persuadée, qu'il est prouvé par la procedure d'une part, que dans une extase elle disoit qu'il y avoit un an qu'elle avoit fait son mariage ; & de l'autre, que dans les Oraisons de la Messe, elle mêloit le nom de Jean-Baptiste, qui est celui de l'Accusé, avec celui de Marie Catherine, qui est le sien ; bien qu'elle ne soit que Catherine, comme il est justifié par son Baptistere ; neanmoins il lui avoit encore donné le nom de Marie : que d'union dans toutes ces misticitez !*

28. *Int.* Si la Demoiselle Cadiere ne lui a pas dit, qu'elle avoit vû la gloire celeste, le rang des Saints suivant leur rang de gloire ?

A rep. Qu'elle lui a raporté differentes visions, qu'elle disoit avoir euës sans les rapeller positivement.

29. *Int.* Quel jugement il portoit sur ces visions.

A rep. Que ne voyant rien jusques-là dans la Cadiere qui pût lui rendre suspectes les choses qu'elle lui racontoit, il avoit pensé durant un tems, à croire qu'il pourroit bien se passer quelque chose de singulier en elle de la part de Dieu ; mais que jamais il ne lui avoit marqué faire une estime particuliere de ces dons ; qu'il lui avoit dit souvent qu'un petit vœu d'humilité étoit plus meritoire & plus utile que tous les dons ; qu'il lui avoit toûjours recommandé de ne

1°. *Il avoüe que les choses qui se passoient en la Cadiere pouvoient être veritables, & qu'il ne voyoit rien en elle qui pût la dissuader de les croire.*

2°. *Il n'est pas vrai, sauf respect, qu'il lui inspirât de n'y faire aucune attention, & de les mepriser ; le contraire est prouvé, non-seulement par la procedure, comme on l'a fait voir par le dernier memoire de la Cadiere, pag. 9. & suiv. mais encore par la reponse de l'Accusé, au 75. Interrog. où il avoüe que cette*

jamais s'occuper, ni de parler à qui que ce fut de ces sortes de choses ; & que dans sa conduite à l'égard de cette fille, il ne s'étoit servi de ce qu'elle lui disoit que pour lui inspirer plus de reconnoissance pour Dieu, & plus de courage pour souffrir, & pour se bien vaincre, ne la croyant point alors capable de fourberie.

Fille ayant mis des emplâtres sur les Stigmates, il les lui fit ôter, & lui reprocha son peu de foi, & son peu de courage ; & encore par sa reponse au 88. Interrog. où il convient qu'un jour qu'elle resistoit à une extase, il lui dit de s'y abandonner, & lui reprocha qu'elle resistoit à l'esprit de Dieu ; & enfin par ses lettres, par lesquelles il lui marquoit toûjours de se livrer aux extases, & à l'esprit de Dieu.

30. *Int.* S'il n'a point dit que Dieu l'avoit uni avec elle, & qu'il la portoit dans son cœur ?

A rep. Que s'il l'avoit dit, il auroit parlé comme Saint Paul ; mais qu'il n'a jamais rien dit de semblable.

Il nie ici d'avoir dit qu'il portoit la Cadiere dans son cœur, & avec lui, ni rien de semblable ; cependant ce fait est prouvé par ses lettres, & sur tout par celle du 22. Juillet, en ces termes:

Toûjours sçai-je bien que je la porte par tout, qu'elle est toûjours avec moi, quoique je parle & que j'agisse avec d'autres personnes.

31. *Int.* Si ladite Cadiere, en lui découvrant l'état où elle étoit, ne lui a pas dit qu'elle ne pouvoit pas prier vocalement ?

A rep. Que non.

32. *Int.* Si elle ne lui a pas découvert ses sécheresses de cœur ?

A rep. Qu'elle peut lui en avoir parlé, comme toutes les Penitentes à leur Confesseur ; mais qu'il les a combatuës en lui disant de se vaincre.

33. *Int.* S'il ne l'a pas dispensée de la priere vocale ?

A rep. Que non, & qu'il sçait que la priere est de necessité, de precepte, & de moyen pour tout le tems de la vie.

34. *Int.* S'il n'a pas même dispensé d'autres de ses Penitentes de cette priere vocale ?

A rep. Que non.

35. *Int.* S'il ne leur a pas dit que Dieu les conduisoit par une voye extraordinaire, & qu'il les dispensoit de la priere ?

A rep. Que non, & qu'il n'avoit eu garde de débiter une erreur si contraire à l'Evangile, & aux preceptes des Sts. Apôtres.

Par ses reponses aux 31. 32. 33. 34. & 35. Interrogatoires, il nie d'avoir dispensé la Cadiere, ni aucune autre de ses Penitentes de la priere vocale ; cependant la procedure prouve qu'il les en avoit dispensées, & sur tout Messires Giraud & Gandalbert, Curez de la Cathedrale, la Batarele & l'Allemande, 1. 2. 38. & 39. témoins.

36. Lui avons representé qu'il ne nous dit pas la verité, puis qu'il paroît par la procedure qu'il a dispensé ladite Cadiere & la Batarele de la priere vocale, disant que cela n'étoit pas necessaire.

A rep. Avoir dit la verité, & que bien au contraire toutes les penitences qu'il leur imposoit ne consistoient qu'aux prieres vocales ; qu'il sçait d'ailleurs qu'elles les pratiquent sur tout dans la Chapelle du Tiers-Ordre.

37. *Int.* Si ladite Cadiere ne lui a pas dit avoir sauvé un Vaisseau prêt à faire naufrage dans les Mers noires, & cela par ses prieres ?

A rep. Qu'elle lui a raconté avoir eu une vision d'un Vaisseau prêt à perir, démâté, & tout l'équipage en prieres & en larmes, & qu'elle lui avoit dit d'avoir sauvé ce Vaisseau, & que Dieu lui avoit offert pour preuve de ce miracle la piece du Vaisseau qu'elle voudroit, & qu'ayant offert au Pere de lui faire voir un mufle de Lion, & que lui repondant, ne trouvant pas cela assez marqué, pouvant s'en trouver au Port de semblables, il lui demanda quelques papiers de ce Vaisseau, &

Il n'est pas vrai, sauf respect, qu'elle ait jamais dit à personne d'avoir remis la police de ce Vaisseau au P. Girard. L'Accusé à la p. 5. de son Factum, dit que dans ce Vaisseau il y avoit trois Jesuites, & un homme qui avoit l'air d'un Officier, & qu'il étoit en peché mortel : on voit bien qu'il n'a ajoûté cet Officier que pour lui faire porter les pechez mortels des Jesuites. La Cadiere n'a jamais parlé d'Officier dans cette vision.

sept à huit jours après elle revint lui dire qu'un Ange lui avoit porté & mis dans sa cassette la Police de ce Vaisseau ; que lui repondant, lui ayant demandé à la voir, elle lui dit quelques jours après que ladite police lui avoit été reprise en punition de quelque faute qu'elle avoit commise : qu'ainsi, lui repondant, ne l'a jamais vûë, ayant apris que ladite Cadiere avoit dit à plusieurs personnes qu'elle la lui avoit remise.

38. *Int.* Si elle ne lui a point donné une Croix de Bois qu'elle disoit avoir reçû de Jesus-Christ ?

A rep. Qu'elle lui avoit donné une fois une Croix de bois ; mais qu'il n'a jamais crû qu'elle

Il avoit raison de penser que cette Croix ne venoit pas de Jesus-Christ ; puisqu'il sçavoit

fût venuë de Jesus - Christ , & que par cette raison il ne l'a jamais voulu montrer à personne , pas même à Mr l'Evêque.

39. *Int.* De qu'elle maniere elle lui dit qu'elle avoit reçû cette Croix.

A rep. Qu'elle lui avoit raporté avoir eu une vision dans la nuit , dans laquelle Jesus Chtift lui avoit paru attaché fur la Croix ; qu'il s'étoit détaché une partie de cette Croix , de laquelle il s'étoit formé celle dont il s'agit , où il y avoit des empreintes de fang à la place des pieds , des mains & de la Couronne , qu'elle avoit trouvé le matin en s'éveillant dans son lit ; qu'elle la lui donna , en lui difant , ne fçavoir point de quel bois elle étoit ; que c'étoit du bois étranger , & que le Pere ne connut point , parce qu'elle étoit du bois de chêne.

qu'elle venoit de lui - même ; mais pourquoi s'en faififfoit-il comme d'une Croix miraculeufe ?

C'étoit le Pere Girard , qui avoit jetté cette Croix dans le lit de la Cadiere , lorfqu'il étoit enfermé avec elle pendant un accident , & quand elle l'eut trouvée , il lui fit accroire que c'étoit une Croix miraculeufe ; & pour le lui mieux perfuader , il s'en faifit avec empreffement.

40. *Int.* Si dans cette méfiance il ne devoit pas lui dire positivement , vous me trompez.

A rep. Qu'il se contentoit de lui dire de ne point publier ces chofes extraordinaires & que lui Repondant les tenoit autant secretes qu'il pouvoit ; mais qu'elle , avec ses freres , ayant publié à Mr l'Evêque qu'elle avoit reçû une Croix du Ciel ; & Mr l'Evêque ayant envoyé prendre le Repondant pour la voir ; pour n'être point exposé à mentir , il s'en défit ; & quatre ou cinq mois après , dans le mois d'Octobre , Mr l'Evêque ayant toûjours persifté à voir cette Croix ; elle feignit l'avoir retrouvée dans sa Baftide , & elle la lui envoya , & le Repondant ayant fçû ce qui se paffoit , envoya redemander sa Croix à celui à qui il l'avoit remife , & la fit porter à Mr l'Evêque , qui fut alors pourvû de toutes les deux , ce qui le convainquit de la fauffeté que lui avoit dit la Cadiere.

Le bois de chêne eft-il fi étranger & fi inconnu en Provence , que l'Accufé ne pût pas connoître fi cette Croix en étoit faite ?

1o. Il étoit fi loin de tenir les prodiges de fa Devote cachez , que par fes lettres à l'Abbeffe des Clairiftes d'Ollioules , il la lui donnoit pour une Sainte ; que le jour de la Transfiguration du 7. Juillet , il dit aux Religieufes de conferver foigneufement l'eau dont on lui avoit lavé le vifage , & qu'elle feroit des prodiges , & que la Cadiere avoit déja fait des miracles à Toulon ; & que Marianne Calas s'étant accufée d'avoir manqué de foi pour les miracles de la Cadiere , il lui avoit refufé l'abfolution.

2o. Si la remiffion qu'il dit d'avoir faite de cette Croix à un Tiers , afin de pouvoir dire à Mr l'Evêque qu'il ne l'avoit pas , étoit veritable , ce feroit là un effet de la direction d'intention.

3o. Le dernier fait contenu dans cette reponfe , n'eft qu'une fupofition détruite par la

Procedure : puifqu'au mois d'Octobre 1730. la Cadiere n'a jamais dit qu'il lui eût été envoyé une feconde Croix miraculeufe. L'Accufé fçait bien que les deux Croix prétenduës miraculeufes ont un fruit de fa direction , & qu'il avoit été l'Ange qui les avoit aportées.

41. *Int.* Si ladite Cadiere ne lui a pas raconté d'avoir vû en vifion une Ame chargée de pechez , & en état de se perdre , & que Dieu lui avoit propofé , que pour le falut de cette Ame , il falloit qu'elle acceptât l'état d'obfeffion pendant un an ?

A rep. Qu'elle le lui a dit à la fin de Novembre , ou au commencement du mois de Decembre de l'année 1729. & qu'il ne fçait pas fi elle lui a marqué le tems de la durée de l'obfeffion.

Il avouë ici l'époque de l'obffeffion , & dit que la Cadiere ne lui en avoit pas marqué la durée ; cependant on verra que par fa reponfe au 44. Interrog. il en fixa la fin précifément au 20. Fevrier.

42. *Int.* Ce qu'il lui a répondu ?

A rep. Qu'il doutoit premierement de la révélation ; & en second lieu , que trouvant l'acte trop héroïque pour une fille , il ne détermina rien là - deffus : qu'il eft vrai que des Saints l'ont ainfi pratiqué ; mais que quand même il le lui auroit confeillé , ce que non , ce ne feroit pas lui qui lui auroit communiqué le démon par - là , mais qu'elle l'auroit acquis par la permiffion divine , & pour la plus grande gloire de Dieu ; qu'il paroit abfurde que le Demon ait été employé pour fauver une ame.

1o. Comment douter de la revelation , tandis qu'il avouë la verité de l'obfeffion.

2o. Quoi ! un Directeur confulté fur une chofe fi importante , n'auroit rien décidé , & auroit laiffé fa Penitente dans l'incertitude.

3o. S'il ne lui avoit pas confeillé cette obfeffion , il n'en parleroit pas comme d'un acte héroïque pratiqué par des Saints.

4o. Le pretexte de fauver une ame n'étoit que pour lui faire accepter l'obfeffion.

43. *Int.* Si la Cadiere lui a dit qu'elle a accepté cet état d'obfeffion ?

A rep. Qu'il ne se fouvient pas qu'elle lui ait dit qu'elle ait accepté cet état , mais

Si la Cadiere lui avoit dit qu'elle étoit veritablement obfedée , ne lui avoit - elle pas dit

qu'elle lui a dit qu'elle étoit veritablement obfedée.

par là d'avoir accepté cette obfeffion fur laquelle il l'avoit confulté ? & cela ne prouve-t'il pas qu'il la lui avoit confeillée ?

44. *Int.* Lui avons demandé quels étoient les effets de cette obfeffion ?

A rep. Que dans le commencement ce furent des peines interieures qu'elle lui racontoit, & qu'enfuite ce furent des douleurs exterieures telles à peu près qu'ont fouffert les Saints dans leur Martire.

La defcription que l'Accufé fait ici, & encore par fa réponfe au 56. Interrog. des effets de cette obfeffion, n'en prouve-t'elle pas bien toute la realité ? & par quel excès de mauvaife foi peut-il aujourd'hui dans fon Factum la traiter de chimere ?

45. *Int.* Combien de tems elle lui avoit dit d'avoir refté dans cet état ?

A rep. Que cet état finit vers le 20. de Fevrier.

Il n'eft pas vrai que cette obfeffion ait fini le 20. Fevrier 1730. puifqu'elle a duré jufqu'au 17. Novembre fuivant, comme il eft prouvé par la procedure. Quand il en a fixé la fin au 20. Fevrier, ç'a été parce que dans le memoire qu'il a fait faire à la Cadiere au fujet de la Sœur de Remufat fon autre penitente, il lui a fait dire que celle-ci qu'elle avoit vûë dans une vifion, l'en avoit delivrée le 20. Fevrier : c'étoit là une preuve qu'il avoit voulu fe menager pour fervir enfuite à juftifier la faimeté de la Sœur de Remufat fa penitente.

46. *Int.* Si dans cet état elle n'avoit pas des vifions obcénes, & d'impureté ?

A rep. Qu'elle lui en avoit raconté quelques-unes : que cet état dura peu, & que c'eft ce qu'il a compris fous des peines interieures ; que du refte il écoûtoit avec patience & fimplicité ce qu'elle lui difoit, n'y ajoûtant pas beaucoup de foi, & fufpendant fon jugement.

Comment peut-il dire qu'il n'ajoûtoit pas beaucoup de foi aux faits extraordinaires de la Cadiere, tandis qu'il refufoit l'abfolution à celles de fes Penitentes qui ne les croyoient pas ?

47. *Int.* Si elle ne lui a pas dit avoir eu une vifion le Mardi Gras, où elle entendit une voix qui lui dit : *Je veux vous conduire dans le defert, vous ne vous nourrirez point du pain des hommes, mais bien de celui des Anges ?*.

A rep. Qu'elle lui raporta cette vifion le premier jour de Carême.

Il convient qu'elle lui avoit d'abord rendu compte de cette vifion.

48. *Int.* S'il fçait qu'elle a paffé ce Carême fans avoir pris aucune nourriture ?

A rep. Qu'elle lui a dit n'avoir rien avalé de folide dans tout le Carême, & que quand elle étoit obligée de prendre quelques alimens devant fa famille, elles les machoit, & ne les avaloit point.

Cependant il a fait depofer à la Laugier fon autre pénitente ftigmatifée, & fa favorite, que la Cadiere avec elle mangeoient alors des bonnes poulardes, & de confiture dans la chambre de cette premiere ; mais ce qui en montre la fauffeté, c'eft qu'on étoit alors en Carême.

49. *Int.* S'il pouvoit fe perfuader qu'elle pût vivre fans prendre aucune nourriture ?

A rep. Que fa mere & fes freres le publierent, & qu'il fufpendoit fon jugement.

50. Et fur ce lui avons reprefenté qu'il ne nous dit pas la verité, & que tant de faits difficiles, & impoffibles à croire lui auroient dû défiller les yeux, & découvrir l'impofture de la Cadiere, fi quelque vûë fecrette & particuliere ne l'eût attaché à elle ?

A rep. Que tous ces faits differens ayant été produits fucceffivement de loin, ils lui avoient fait moins d'impreffion fur fon efprit, & qu'un fait preparoit à l'autre, qu'il avoit jugé de fa fimplicité par la fienne, ne fe paffant rien dans fa conduite exterieure, qui pût lui donner le moindre foupçon ; qu'au refte il protefte devant Dieu que fes intentions ont été très-pures & très-devotes, & qu'il a toûjours travaillé à découvrir la verité & la réalité dans les faits qui fe paffoient, autant que le fecret de la Confeffion pouvoit le permettre.

Ce Jefuite eft fi fimple & fi credule, qu'il avoit du penchant à croire tous ces faits extraordinaires, & fans bleffer en rien la pureté, ni la droiture de fes intentions, il travailloit continuellement à en découvrir la réalité fur le corps de fa Pénitente ; mais d'où vient qu'il y vouloit travailler tout feul, & à porte fermée ?

51. *Int.* Si la Cadiere le vifitoit dans fa maifon ?

A rep. Qu'il ne la jamais vûë que trois ou quatre fois à la porte, & pour très-peu de tems.

Il eft prouvé par la procedure, que depuis le mois d'Avril 1730. jufqu'au mois de Novembre que l'obfeffion commença, il obligeoit la Cadiere à l'aller voir tous les jours, fous prétexte de lui rendre compte de fes états ; cependant il reduit ici ces vifites à trois ou quatre,

& par son Factum, pag.30. il soutient qu'elle ne lui a jamais fait aucune visite aux Jésuites.

52. *Int.* Si lui Répondant, ne visitoit pas la Cadiere?

A rep. Qu'il n'y avoit jamais été avant sa prétenduë obsession, & qu'alors ayant été apellé par ses parens, il y alloit, & qu'il n'y a jamais été sans que ses parens ou elle l'ayent envoyé prendre.

Personne n'a jamais été l'apeller de l'ordre de la Cadiere, ni de ses parens; il est bien vrai que l'Abbé Cadiere, qui étudioit alors chez les Jésuites, l'avoit été apeller quelque fois, mais c'étoit de l'ordre du Pere Girard.

53. *Int.* En quel état il trouvoit la Cadiere lors qu'il alloit chez elle lors de son obsession?

A rep. Qu'il la trouvoit tantôt levée, tantôt couchée.

54. *Int.* S'il restoit seul avec elle?

A rep. Que quelque fois il y restoit seul lorsqu'elle avoit à se confesser, ou à lui parler de l'interieur de sa conscience.

1°. Il avouë qu'il restoit seul avec elle pendant ses accidens; il est bien vrai qu'il veut que ce ne fût que pour la confesser, ou pour lui parler de l'interieur de sa conscience; mais

tout ce procès prouve que ce n'étoit pas là son occupation lorsqu'ils s'enfermoit seul avec elle; d'ailleurs il ne pouvoit pas la confesser pendant l'accident.

55. *Int.* S'il se fermoit avec elle?

A rep. Que non, mais que cela est arrivé quelques fois après Pâques.

Cette réponse semble renfermer une contradiction. Il commence par nier absolument de s'être enfermé avec la Cadiere, & après il

ajoûte: Mais que cela est arrivé quelques fois après Pâques; *cependant il est prouvé par la procedure que ses visites ont commencé dès le mois de Decembre 1729.*

56. *Int.* De l'effet que produisit en elle l'obsession?

A rep. Qu'elle lui causoit d'espéces de mouvemens convulsifs, qu'elle disoit être l'effet de diverses tortures que lui faisoit souffrir le demon, qui ne lui ont jamais paru de preuves assez sûres de l'obsession, pouvant venir de quelque incommodité naturelle, ou d'autre cause inconnuë au Répondant.

Il fait encore ici une description des effets de l'obsession; & fâché d'en avoir deja avoué la réalité plusieurs fois, il ajoûte qu'il n'en avoit pas de preuves assez sûres, & que cela pouvoit venir de quelqu'autre incommodité naturelle.

57. *Int.* S'il l'a vûë au lit dans cet état d'obsession?

A rep. Qu'oüi, mais qu'elle étoit habillée dans son lit.

Il avouë d'avoir vû la Cadiere dans son lit lors de ses accidens, mais il veut qu'elle fût habillée; cela n'est gueres aparant, on ne se met pas tout habillé dans son lit.

58. *Int.* Si en cet état ces mouvemens convulsifs ne lui faisoient pas commettre des immodesties?

A rep. Que non, qu'elle ne faisoit que roidir ses bras, & se plaindre de ce qu'elle souffroit.

Il veut que ces accidens convulsifs si violens fussent pourtant si mesurez, qu'il ne donnassent lieu à aucune immodestie, pour ne pas alarmer sa chasteté.

59. *Int.* S'il étoit seul avec elle, & ce qu'il lui faisoit?

A rep. Qu'il attendoit que l'accident lui eût passé pour lui parler de Dieu.

Quelle étoit son occupation pendant la durée de son accident, qu'il ne pouvoit pas parler de Dieu à la Cadiere? & pourquoi vouloit-

il alors demeurer seul enfermé avec elle dans sa chambre, sans vouloir que sa mere ni ses freres, ni la servante y fussent? Il ne faut pas être sorcier pour deviner qu'il s'occupoit alors à ces actes que nulle autorité ne peut soumettre à la formalité des témoins; il seroit fort en peine d'en donner une autre cause tant soit peu raisonnable: Et voilà la preuve qu'il abusoit alors de sa Pénitente dans les momens qu'elle avoit perdu l'usage de ses sens par une extase, ou un accident; c'est pour cela qu'à son retour elle se trouvoit toutes les marques d'une fille violée.

60. *Int.* Si ses visites étoiens longues?

A rep. Que quelques fois elles étoient d'une heure, & point au delà.

Il est prouvé par la procedure que ses visites étoient ordinairement de 3. ou 4. heures chacune, & non pas seulement d'une heure,

comme il le dit ici, quoique au fonds il n'en faudroit pas tant; ce ne sont pas de ces travaux qui se font à journées.

61. *Int.* Si elle ne lui a point dit que Jesus-Christ lui étoit aparu, & lui avoit dit qu'elle recevroit une playe, & des Stigmates?

A rep. Qu'elle lui a dit que le Jeudi faint elle avoit fuivi Jefus - Chrift dans tous les Tribunaux , & enfin elle avoit été crucifiée avec lui ; & qu'ayant refté pendant 3. jours en extafe , & quand elle en revint , elle fe trouva le Stigmate au côté & aux pieds , le vifage plein de fang , & une Couronne fur la tête.

Il avouë la transfiguration du Vendredi faint , & qu'elle fe trouva les Stigmates , & la Couronne au retour de cette extafe & de cette transfiguration.

62. *Int.* S'il l'a vûë en cet état ?

A rep. Qu'il l'avoit vûë le Vendredi faint après diné.

Il avouë d'avoir vû la Cadiere le Vendredi faint pendant cette transfiguration ; le Pere Grignet Jefuite étoit à genoux devant le lit de la Cadiere , & la Guyol difoit , qui ne fe convertiroit à ce fpectacle !

63. *Int.* S'il lui avoit parlé , & ce qu'elle lui avoit dit ?

A rep. Ne point fe reffouvenir de ce qu'elle lui avoit dit , mais qu'il lui parla de Dieu pour la confoler dans l'état où elle étoit.

64. *Int.* Si pendant le Carême dernier il a vifité fouvent la Cadiere ?

A rep. Qu'il ne la vifitoit que très-rarement , comme une fois la femaine , quelque fois moins , & toûjours apellé par quelqu'un , attendu fes incommoditez.

Depuis le mois de Decembre jufqu'au Carnaval il la vifitoit 2. ou 3. fois par femaine , & depuis lors prefque tous les jours fans avoir jamais été apellé de la part de la Cadiere , ni de fes parens.

65. *Int.* Qu'elles étoient fes incommoditez ?

A rep. Que c'étoient des feux interieurs qui la devoroient , & autres incommoditez détaillées dans le journal de fon Carême , dont il a deux copies , l'une écrite par la main de fon frere le Dominicain , & l'autre par fon frere l'Ecclefiaftique , & qu'il eft en état de nous remettre.

Il avouë qu'il avoit deux copies du Carême , l'une écrite par le Jacobin , & l'autre par l'Abbé Cadiere ; il connoiffoit donc le caractere de l'un & de l'autre.

66. *Int.* S'il lui avoit confeillé de manger gras.

A rep. Que dans la répugnance qu'elle avoit de prendre des alimens , étant au lit , & fe plaignant d'avoir la fievre , il lui avoit confeillé de prendre des boüillons gras , & fans difficulté.

67. *Int.* Quand eft-ce qu'elle a decouvert au Répondant le bonheur qu'elle avoit d'avoir les Stigmates de Jefus-Chrift ?

A rep. Que ce fut le Samedi faint , ou le jour de Pâques qu'elle lui raconta ce qu'elle avoit fouffert dans les trois jours que l'Eglife celebre la Paffion de J. C. qu'elle lui avoit dit qu'elle étoit montée avec Jefus-Chrift le Vendredi faint , que fon ame avoit accompagné aux Limbes celle de Jefus - Chrift ; & qu'enfin au moment que les cloches fonoient elle avoit repris tant fes fens , & que s'étant levée de fon lit , elle s'étoit trouvée un grand apetit , qu'elle avoit raffafié ; qu'il ne peut dire fi c'eft ce jour là , ou le lendemain qu'il l'alla voir , & lui raconta ce qui lui étoit arrivé.

Il convient que le Samedi faint , ou le jour de Pâques elle lui avoit déclaré d'avoir les Stigmates.

68. *Int.* Si quand il l'a vit le Vendredi faint , elle avoit le vifage rempli de fang , & s'il l'avoit effuyé avec une ferviete , & fi le fang couloit , ou s'il étoit figé ?

A rep. Qu'elle lui dit , comme les Anges le Samedi Saint fur les dix heures , & avant qu'elle reprit fes efprits , lui ayant effuyé le vifage avec une ferviete , laquelle ferviette teinte de fang , reprefentoit groffierement à peu près un vifage enfanglanté , & la remit au Répondant environ quinze jour après.

1°. On lui demande fi le Vendredy Saint qu'il avoit vû la Cadiere , elle avoit le vifage rempli de fang , & au lieu de repondre fur ce fait , il ne parle que de ce qui s'étoit paffé le Samedi Saint.

2°. Par fa reponfe au 61. & 62. Interrog. il avoit avoüé d'avoir vû la Cadiere le Vendredi Saint , & qu'elle avoit le vifage plein de fang.

3°. Il convient que la ferviette enfanglantée reprefentant un Ecce Homo , lui avoit été remife. Il s'étoit faifi de cette ferviette , des coëffes teintes du fang de la Couronne , d'une Croix qu'il pretendoit avoir été envoyée miraculeufement à la Cadiere , du memoire du Carême qu'il lui avoit fait faire , & encore de celui qu'il avoit fait compofer à la Dame de Lefcot , dans la vûë de donner un jour tout cela au Public pour des preuves de la fainteté de fa Penitente.

69. *Int.* S'il n'a jamais montré cette ferviette.

A rep. Qu'il n'a jamais voulu la montrer à perfonne , pas même à Mr l'Evêque , par-

Si la ferviette enfanglantée étoit un ouvrage trop groffier pour lui paroître miraculeux ,

d'où

ce que l'ouvrage n'avoit point paru miracu-leux ; au contraire , très - groffier , comme il a déja dit.

d'où vient qu'il s'en étoit faifi avec tant d'em-preffement , & qu'il la confervoit fi foigneufe-ment , fans avoir jamais voulu la rendre : il en eft encore faifi.

70. *Int.* S'il a raconté ces merveilles à Mr l'Evêque.

A rep. Qu'au contraire il étoit trés - fâché que les chofes fe divulgaffent ; qu'il avoit tou-jours tâché de les tenir fecretes ; mais que c'étoit le frere Dominicain & le frere Eccle-fiaftique qui les publierent par tout , & prin-cipalement à M. l'Evêque.

1°. S'il n'avoit pas declaré à Mr. l'Evêque tout ce qui fe paffoit , c'eft qu'il croyoit qu'il n'étoit pas encore tems d'y faire entrer ce Pré-lat , de peur que l'examen & les éclairciffe-mens qu'il auroit voulu prendre , n'euffent dé-rangé le plan de l'Accufé , & rompu fes me-fures.

2°. Il eft prouvé par la Procedure que ce n'étoient pas les freres de la Demoifelle Cadiere qui publioient ces faits extraordinaires , mais bien le Pere Girard qui en recüeilloit déja toute la réalité , fans préjudice de la gloire qui lui en devoit revenir dans la fuite.

71. *Int.* Quel motif il avoit de tenir tout cela caché.

A rep. Que comme il n'y donnoit pas une entiere confiance , & qu'il doutoit de la réa-lité de tous ces faits , il gardoit abfolument

La note faite fur le 29. Interrogatoire mon-tre la fauffeté de cette reponfe.

le filence , jufqu'à indigner contre lui Mr l'Evêque , de peur de commetre nôtre Sainte Re-ligion aux railleries des Libertins , fi les faits s'étoient trouvez faux.

72. *Int.* Que puifqu'il dit qu'il ne donnoit pas une entiere coufiance à ces miracles , il s'en fuit que dans fon cœur il devoit fufpecter la droiture de la Demoifelle Cadiere.

A rep. Que jufques-là n'ayant rien trou-vé dans fa conduite exterieure qui pût lui donner une preuve folide de la bonne foi

La même note prouve encore la fauffeté de cette reponfe.

de cette Fille , il laiffoit toutes ces chofes pour ce qu'elles pouvoient être devant Dieu , fe contentant de lui deffendre d'en parler , & lui infpirant feulement l'attention à pratiquer les folides vertus , fans s'arrêter au merveilleux.

73. *Int.* Quelles raifons avoient les freres de la Demoifelle Cadiere de publier toutes ces chofes merveilleufes.

A rep. Que c'étoit pour capter la bienveil-lance de Mr l'Evêque , au préjudice de ceux qui s'imaginent l'avoir , & pour fe faire un relief dans le monde par l'éclat d'une Sainte dans leur famille.

1°. Ç'auroit été une entreprife bien infen-fée de la part des freres Cadiere de vouloir difputer aux Jefuites la confiance & l'eftime de Mr l'Evêque.

2°. Si les Cadiere avoient eu la gloire d'avoir une Sainte dans leur famille , le Pere Girard

n'auroit-il pas eu celle de l'avoir faite , & cette derniere gloire ne l'emportoit-t'elle pas fur l'autre ?

74. *Int.* Si après lui avoir confié qu'elle avoit les Stigmates de nôtre Seigneur , elle ne les lui a pas montré ?

A rep. Qu'elle les lui a montré quatre ou cinq fois ici ; que comme alors elle difoit au Repondant qu'elle devoit fe faire Religieufe aux Sainte Claire d'Ollioules ; elle s'accoû-tumoit à ne point porter de bas ; qu'il avoit difputé long - tems avant qu'il fe déterminât à les voir , & qu'il ne l'avoit fait que fur les inftances réiterées de la Cadiere ; & qu'il lui parloit même de la part de Dieu ; qu'à la fin il ne l'avoit fait que pour effayer s'il pouvoit découvrir le principe de ces playes , & la caufe qui les entretenoit ; ce qui s'eft tou-jours fait avec toute la décence & la mo-deftie convenable , & qu'ayant tiré les pieds de fes fouliers , il avoit aperçû la premiere fois une playe fort livide , couverte d'une pe-tite pellicule , large d'environ demi écu ; qu'elle attribua à un emplâtre qu'elle avoit employé , le mauvais état de fes playes ; &

1°. L'Accufé fe fait ici une peine de faire ti-rer les bas à fa Devote pour voir fes Stigmates des pieds , & fupofe pour cela qu'elle ne por-toit point de bas , parce qu'elle avoit refolu de fe faire Religieufe ; lui qu'on verra tantôt ar-penter fans façon tout le fein de fa Penitente , & baifer fon Stigmate du cœur.

2°. Etoit-il Medecin ou Chirurgien , pour juger de la qualité de ces playes ? D'où vient qu'il n'avoit pas voulu qu'on en apellât aucun , & que pour faire cette infpection , il s'étoit enfermé feul avec fa penitente , fans vouloir même que fa mere , qui étoit inftruite de tout , y affiftat ?

3°. Il fait une defcription de ces playes , qu'il dit fort reffemblantes à des Stigmates.

4°. Il convient de le avoir vües quatre ou cinq fois.

que les autres fois il les avoit trouvées affez reffemblantes à des Stigmates.

75. *Int.* Lui avons représenté que cette feule circonftance d'emplâtre fur une playe mira-culeufe , devoit le défabufer ; puifque fi elle avoit eu affez de vertu pour les meriter , elle en auroit eu affez pour les conferver precieufement.

C

A rep. Qu'elle lui avoit dit que c'étoit une inflammation & une douleur très - violente qu'elle avoit reſſenti , qui l'avoit obligée à uſer de cet emplâtre pour ſe ſoulager un peu ; que lui, Repondant, l'avoit là-deſſus repriſe très - ſeverement de ſon peu de courage , & de ſon peu de foi : qu'à Ollioules ayant mis pareillement de l'onguent ſur ſes playes , elle avoit dit au Repondant qu'elle en avoit été punie.

76. *Int.* S'il a vû les playes de ſes mains.

A rep. Qu'elle lui avoit dit qu'elle avoit demandé à nôtre Seigneur que les playes des mains ne paruſſent point ; qu'elle avoit été exaucée ; mais que pourtant nôtre Seigneur lui avoit fait une petite impreſſion ſur les deux mains en dehors , en gage des Stigmates réels qu'il promettoit de lui donner ſur les mains , comme ſur les pieds , quelques jours avant ſa mort.

77. *Int.* S'il avoit vû la playe qu'elle avoit au côté, & en quel endroit elle étoit ſituée ?

A rep. Qu'il l'avoit vûë : en effet la playe lui avoit paru peu enfoncée , ordinairement ſanglante , & large à peu près comme une piece de quinze ſols ; qu'il ſemble au Repondant que cette playe devoit être ſur les fauſſes cottes , à peu près à quatre doigts au-deſſous du téton gauche , & du côté du flanc ; qu'il n'avoit jamais vû cette playe , qu'avec la plus grande précaution , & la plus grande modeſtie , n'y ayant rien alors de découvert , que préciſément l'endroit de la playe.

78. *Int.* S'il n'a jamais baiſé cette playe.

A rep. Que non ; mais que s'il l'avoit crû , & qu'il eût baiſé cet Ulcere , il l'auroit fait à l'exemple des Saints , ou par un eſprit de religion , ou par un eſprit de mortification.

1°. L'emplâtre que la Cadiere avoit mis ſur ſes playes , prouve ſa bonne - foi , & qu'elle les regardoit comme des playes naturelles.

2°. L'aveu que l'Accuſé fait de lui avoir fait ôter cet emplâtre , & de l'avoir très-ſeverement repriſe de ſon peu de courage , & de ſon peu de foi , montrent qu'il lui avoit perſuadé que c'étoient des playes divines , & des veritables Stigmates ; il avoit ſes motifs & ſes vûes.

Les Stigmates des mains étoient moins marquez : l'Accuſé fait là-deſſus une Hiſtoire à ſa mode , & tout cela alloit à ſon but.

1°. Il fait une deſcription bien juſte & bien délicate de ce Stigmate du cœur.

2°. S'il n'y avoit eu preciſément de découvert que l'endroit de cette playe , comment auroit-il pû ſçavoir la diſtance qu'il y avoit d'elle au téton gauche ?

3°. Si cette playe étoit ordinairement ſanglante , il la voyoit donc ordinairement , ſans quoi il n'auroit pas pû ſçavoir ſi elle étoit ordinairement ſanglante.

Cette reponſe bien peſée , renferme un aveu d'avoir baiſé ce Stigmate du cœur. 1°. Parce que s'il ne l'avoit pas baiſé , il ſe ſeroit borné à repondre , que non , & n'auroit pas ajoûté , que s'il l'eût baiſé , &c.

2°. Il l'avoit ſi bien baiſé , qu'il a voulu en cela s'autoriſer de l'exemple des Saints , & d'un eſprit de religion & de mortification , quoiqu'on voye bien qu'il n'étoit animé ici , ni de l'un , ni de l'autre.

3°. Il ne metamorphoſe ici en Ulcere ce Stigmate du côté , dont il avoit fait une ſeduiſante deſcription dans ſa precedente réponſe , que pour diminuer en apparence la tentation de ce baiſer.

79. *Int.* S'il ne s'eſt pas mis à genoux , ôté ſa calote , & baiſé les Stigmates des pieds.

A rep. Que non.

L'Interrogatoire dont il paſſe ici negative , eſt prouvé par la procedure , & il ne faiſoit ces grimaces que pour cacher ſon jeu , & pour perſuader à ſa Penitente , & aux autres qui étoient inſtruits de ces faits , que c'étoient là des playes divines , tout cela alloit à ſon but.

80. *Int.* S'il n'y a point eu en lui de deſirs & de mouvemens condamnables & charnels , à voir ſi ſouvent la playe du côté ?

A rep. Que non.

La conſequence que Meſſieurs les Commiſſaires tirent des examens ſi frequens qu'il faiſoit de ce Stigmate du cœur , eſt bien juſte ; mais par ſa negative il leur aprend que tout cela n'avoit coûté aucune alarme à ſa chaſteté , quel prodige !

81. *Int.* S'il a touché les playes , & ſi à l'occaſion de cela , il ne lui a pas touché la gorge & le ſein ?

A rep. Que non.

On demande ici à l'Accuſé deux faits. La premier , s'il a touché les playes de ſa Penitente : le ſecond , ſi à l'occaſion de cela , il ne lui a pas touché la gorge & le ſein , & il repond , que non : il nie donc ces deux faits , cependant il eſt non ſeulement prouvé par la Procedure , qu'il avoit touché toutes les playes de ſa Devote ; mais encore il vient d'avoüer par ſa reponſe au 78. Interrog. qu'il avoit baiſé la playe du cœur. Comment auroit - il pû juger de la qualité de ces playes , lui qui faiſoit la fonction de Medecin & de Chirurgien , ſans les toucher ?

2°. *A qui veut-il persuader qu'il avoit manié & baisé 'e Stigmate du cœur , sans toucher au sein ; c'étoient là deux choses trop voisines , & cela n'auroit pas même été possible.*

82. *Int.* S'il lui a fait des visites plus frequentes , & s'il y alloit seul.

A rep. Qu'il y étoit allé très-rarement après Pâques , comme dans les autres tems , excepté les deux mois de l'obsession , qu'il y alloit un peu plus souvent ; mais pourtant toûjours il n'y alloit que quand on l'envoyoit prendre ; qu'il y alloit ordinairement avec un Compagnon Jesuite ; que plusieurs fois l'Abbé Cadiere lui-même le venoit prendre , & qu'ils y alloient ensemble ; la Coûtume autorisée par les Superieurs majeurs , étant dans le Seminaire , de se joindre à des Seminairistes , ou à des Aumoniers , pour faire les visites ; attendu le petit nombre des Officiers , qui *sont fort occupez.*

1°. Il avoue que pendant le tems de l'obsession , qui , suivant lui , a duré depuis le commencement de Decembre 1729. jusqu'au 10. Fevrier 1730 (quoiqu'elle n'ait pas fini alors ,) il étoit allé fort souvent chez la Cadiere ; cette époque est décisive pour l'avortement.

2°. Il soutient qu'il y alloit ordinairement avec un Compagnon Jesuite ; cependant il est prouvé par la Procedure , & par l'Interrogatoire subsequent , qu'il y alloit très-souvent , & tout seul.

83. Sur quoi lui avons representé qu'il ne nous dit pas la verité , puisqu'il paroit par la procedure qu'il y a été très-souvent seul , qu'il y a resté les heures entieres , & qu'il se fermoit à clef avec elle.

A rep. Que quand il y a été seul , ç'a toûjours été sans dessein , & par occasion , étant arrêté en passant devant la maison , ou par la mere de Cadiere , ou par la fille elle-même , & qu'alors il s'arrêtoit très-peu de tems ; qu'il est vrai que lorsqu'elle avoit à lui parler de l'interieur de sa conscience , il renvoyoit quelquefois son compagnon à ses ouvrages de la maison ; que s'il paroit par la procedure qu'il y étoit allé souvent , ce ne peut être que dans le tems que lad. Cadiere étoit à Ollioules , tems auquel il ne passoit jamais devant la maison de la Cadiere , qui est dans la même ruë que le Séminaire , que ou la mere ou les freres ne lui demandassent des nouvelles de la Cadiere , ou lui en donnassent : qu'il avouë avec la même simplicité & la même pureté d'intention qu'il avoit alors , qu'il est vrai qu'il s'est trouvé fermé à clef dans la chambre de la Cadiere , que cela n'est arrivé que 8. ou 9. fois au plus après Pâques ; que c'étoit tantôt lui , tantôt la Cadiere qui fermoit la porte ; que la chose étoit secrete , & sans scandale , & qu'il n'a fait ce qui lui paroit à lui-même aujourd'hui une imprudence , comme aux autres , que par une espece de necessité.

1°. Il se répand d'abord en plusieurs faux pretextes , & veut faire tomber le gros de ses visites au tems que sa Dévote étoit au Couvent , tandis qu'alors il ne les faisoit plus à sa maison , mais à la grille , où il alloit souvent.

2°. Il avoue enfin de s'être enfermé à clef 8 ou 9. fois dans la chambre de sa Pénitente ; il est néanmoins prouvé par la procedure qu'il s'y étoit enfermé plus de cent fois ; mais ces 8. à 9. fois qu'il avoue ne suffiroient-elles pas pour le convaincre d'avoir joüi d'elle ?

3°. Il dit que tantôt c'étoit lui qui fermoit la porte , & tantôt sa Pénitente ; mais outre que c'étoit toûjours lui qui la fermoit ; d'ailleurs si elle l'eût fermée quelque fois , n'auroit-ce pas été de l'ordre de son Directeur ?

4°. Il fait aparemment consister tout le peché dans le scandale ; mais n'en étoit-ce pas un grand de voir un Jesuite s'enfermer à clef avec sa jeune Pénitente ?

5°. Il apelle cela une simple impruden-

ce , c'est là parler en Quietiste ; mais la Loi , & sa propre regle le regardent comme la preuve , sans réplique , de son Inceste spirituel.

84. *Int.* Quelle raison il avoit de s'enfermer avec elle ?

A rep. Que cela est arrivé 4. à 5. fois, pour ses playes , une fois lorsqu'elle voulut lui remettre la serviete où étoit empreinte l'image grossiere & sanglante de son visage , avec deux coëffes , qu'elles prétendoit avoir été teintes miraculeusement de sang sur la figure de sa Couronne ; une autre fois pour recevoir cette Croix de bois blanc , garnie de pointes , dont le Répondant lui avoit défendu de se servir , attendu son peu de santé ; & une autre fois pour être le témoin d'une vision , pendant laquelle elle devoit être miraculeusement élevée en l'air , à ce qu'elle

1°. Etoit - il Medecin ou Chirurgien pour juger de la qualité des playes , & pour connoître si elles étoient naturelles , ou surnaturelles ? falloit-il pour cela qu'il s'enfermât tout seul avec sa Dévote , & la presence de la mere de celle-ci auroit-elle été un obstacle à ce chaste & modeste examen ? voilà un beau prétexte de s'enfermer avec une jeune & jolie Pénitente , & de lui baiser le Stigmate du cœur , comme il avoue d'avoir fait par sa réponse au 78. Interrog.

lui avoit dit ; enfin, deux ou trois autres fois lorſqu'il lui arrivoit d'avoir le front couvert de ſang , ou quelque eſpece de raviſſement , dont il ne vouloit pas que le public fût témoin.

2°. Avoit-il beſoin de s'enfermer avec elle pour ſe faire remettre une ſerviete enſanglantée , des coeffes teintes de ſang , & une Croix ; ne pouvoit-il pas ſe faire remettre ces choſes ſans fermer la porte ? &

falloit-il pour cela s'enfermer ſi ſouvent , & pendant trois ou quatre heures ?

3°. C'eſt lui qui avoit prédit à ſa Pénitente , qu'un tel jour elle ſeroit élevée en l'air , pour avoir un prétexte de s'enfermer avec elle.

4°. Comment veut-il s'être enfermé pluſieurs fois avec ſa Dévote à l'occaſion de ſes transfigurations , & pour en derober la connoiſſance au public , puiſque d'une part elle n'en a eu que deux à ſa maiſon , la premiere , le Vendredy ſaint , & la ſeconde , le 8. Mai , & que de l'autre la porte étoit alors ouverte , & ſa chambre pleine du monde , comme il eſt prouvé par ſa réponſe au 87. Interrogatoire.

5°. Outre que les extaſes de la Cadiere étoient pub'iques & notoires , puiſqu'elle en avoit en tout tems , & en tout lieu ; d'ailleurs il penſoit ſi peu à les cacher , qu'il avoit refuſé l'abſolution à Mariane Calas , pour n'avoir pas voulu y croire : tout cela fait voir la fauſſeté des prétextes qu'il aporte ici , & que quand il s'eſt enfermé avec elle , c'eſt l'amour qui a fermé la porte de la chambre de ſa Pénitente , & que cette démarche ne peut être attribuée à aucun autre motif.

85. Et ſur ce lui avons repreſenté qu'il a témoigné une curioſité bien fréquente de voir ces playes , & qu'il auroit dû ſe contenter de les avoir vûës une fois.

A rep. Que c'étoit à l'occaſion de divers ſimptomes & changemens que ladite Cadiere lui diſoit arriver dans ſes playes , tantôt d'une effuſion de ſang extraordinaire , tantôt une inflammation ſubite , & tantôt que les playes ſe fermoient pour quelque négligence commiſe dans le ſervice de Dieu ; & que lui Répondant qui donnoit une certaine confiance à ladite Cadiere , vouloit s'aſſûrer par lui-même de la verité de tous ces faits , qui ne lui paroiſſoient pas impoſſibles , mais bien extraordinaires.

1°. Un Chirurgien qui panſe journellement les playes d'une perſonne , eſt-il plus aſſidu que l'étoit ici ce Directeur à panſer ſa Dévote ?

2°. Si ces playes recevoient des changemens ; s'il y avoit des inflammations , pourquoi lui faiſoit-il ôter les emplâtres , en lui reprochant ſon peu de courage , & ſon peu de foi ? & pourquoi n'apelloit-il ni Medecin , ni Chirurgien pour juger de leur qualité ? on voit bien que ce ne ſont là que de faux prétextes.

86. *Int.* Quel jour devoit arriver cette viſion , où elle devoit être ſuſpenduë en l'air ?

A rep. Que ce fut le 8. du mois de Mai , jour auquel elle eut une eſpéce de transfiguration , telle que celle du Vendredi ſaint , en diſant qu'elle devoit être crucifiée ce jour-là pour l'amour divin , comme elle l'avoit été le Vendredi ſaint par la juſtice divine.

Il avoüe ici la transfiguration du 8. Mai ; il ajoûte que ce jour là la Cadiere devoit être élevée en l'air.

87. *Int.* Ce qui lui arriva d'extraordinaire ce jour-là.

A rep. Que ladite Cadiere ayant fait ſortir ſa mere dès les quatre heures du matin , pour une demi heure , de ſa chambre , ſa mere qui couchoit avec elle , étant rentrée , trouva le viſage couvert de ſang , & que lui Répondant y étant apellé , il la trouva comme ſans connoiſſance , & le viſage teint de ſang figé ; & lui répondant lui ayant tenu quelques diſcours de dévotion conſolans ,

1°. Il fait la deſcription de la transfiguration du 8. Mai.

2°. Il eſt prouvé par cette réponſe , que le jour de cette transfiguration la porte de la chambre étoit ouverte , & qu'elle étoit pleine de monde ; doncques il n'eſt pas vrai qu'il s'enfermât avec elle pour derober au public la connoiſſance de ces transfigurations.

elle lui répondit quelques mots , après quoi il ſe retira ; qu'y étant revenu l'après-midi ſur la promeſſe qu'elle lui avoit faite , qu'elle devoit être ſuſpenduë en l'air , il y trouva la Guyol , la Batarelle & la Reboul , qui lui raconterent , comme le Pere Cadiere leur avoit dit , qu'après la ſortie du Répondant , ladite Cadiere avoit dit la Meſſe , & paru communier miraculeuſement , & avoir donné ſa bénédiction aux Spectateurs avec la Croix ; qu'après elle étoit tombée dans des grandes convulſions , qui avoient fini par une aparence de mort ; qu'il demeura quelque tems auprès d'elle tout ſeul , tout le monde qui l'avoit contemplée en cet état depuis le matin juſqu'alors , s'étoit retiré dans une chambre voiſine ; & qu'alors elle lui dit d'une voix baſſe & foible , qu'il ne falloit rien attendre d'extraordinaire de ce jour-là , à cauſe d'une legere faute commiſe par une de ſes compagnes , & qu'alors il fit venir tout le monde qui étoit ſorti , & qu'il attendit avec eux qu'elle revînt de ſon accident , ce qui arriva à 5. heures , & qu'alors
elle

elle parut honteuse de voir tant de monde, & que c'est de ce jour-là que les Miracles commence-rent à se divulguer,

88. *Int.* S'il n'a pas été chez lad. Cadiere un jour qu'elle fut sur le point d'être élevée en l'air ;

Arép. Que la derniere Fête de la Pentecôte lad. Cadiere lui ayant fait dire de la venir voir, & qu'elle lui feroit voir une lettre qu'elle écrivoit à la Superiure d'Ollioules, par laquelle elle lui fixoit le jour auquel elle devoit se rendre à son Couvent ; s'y étant rendu, il lût la minute de la lettre, & voulant se retirer dans l'instant, elle étant debout, tout d'un coup elle dit au Répondant qu'elle se sentoit élevée en l'air, mais qu'elle vouloit y resister, parce qu'elle sentoit en elle des intentions d'orgueil ; & s'étant assise, elle se prit contre une chaise ; & le Répondant luy ayant dit alors qu'elle resistoit à l'esprit de Dieu, & que c'étoit-là une occasion que Dieu lui fournissoit peut-être pour le convaincre, lui répondant, de la vérité des choses qui s'operient en elle, & dont il doutoit, & qu'il falloit donc qu'elle s'abandonnât à l'esprit de Dieu ; mais elle ayant changé de place 2 ou 3 fois, & paroissant toûjours vouloir resister à l'operation divine, le Répondant sortit.

10. Cette lettre qu'il avoue d'avoir lûe la derniere Fête de la Pentecôte, écrite de la main du Pere Cadiere Dominicain, prouve que l'Accusé sçavoit dés lors que sa Penitente ne sçavoit pas écrire, & que c'étoient ses freres qui lui prêtoient leur main.

2c. Cette reponse prouve l'humilité, & la bonne foi de cette fille, puisqu'elle resistoit à la pensée d'orgueil que cette extase avoit fait naître en elle, & que c'étoit son Directeur qui lui faisoit accroire que c'étoit là l'operation de la grace, puisqu'il lui disoit de s'abandonner à l'esprit de Dieu, & de se laisser elever en l'air.

30. S'il la pressa si fort de se livrer à cette extase, & s'il sortit en grondant du refus qu'elle en avoit fait, c'est que son amour lui faisoit souhaiter ardemment cette extase pour en mettre les momens à profit.

89. *Int.* Si ce qui étoit arrivé là ne fut pas révelé à la Guyol par Notre Seigneur, & si elle ne le fut pas dire à lui Répondant, en lui disant que la Cadiere avoit commis une grande faute ?

A rep. & denié.

Il est prouvé par la procedure, que l'Accusé, au sortir de là, fut dire à la Guyol, sa confidente, ce qui venoit de se passer, que celle-ci fut chez la Cadiere, qu'elle lui dit que Dieu lui avoit revelé dans une extase sa désobeissance, que c'étoit là une grande faute, dont elle devoit se confesser au P. Girard ; que celui-ci, après lui en avoir exageré la grieveté, lui dit qu'il iroit le lendemain à sa chambre, pour lui imposer la pénitence qu'elle meritoit ; qu'il y fut ; s'enferma avec elle, la fit déshabiller, lui donna la discipline, & la souilla par toute sorte d'infamies ; ce qui prouve la verité des 90. 91. 92 93. 94 & 95. Interrogatoires ; dont il a eu la mauvaise foi de passer negative.

90. *Int.* Si en réparation de cette faute il ne fut pas voir lad. Cadiere, & s'il ne la gronda pas extrêmement ?

A rep. Et denié.

91. *Int.* S'il ne la fit pas dépouiller & déshabiler jusqu'à la chemise ?

A rep. Et denié.

92. *Int.* S'il ne lui donna pas la discipline lui-même, en lui disant: *vous êtes sur le lit, & vous devriez être sur l'échafaut que vous vîtes à Aix ?*

A rep. Et denié.

93. *Int.* Si ce jour-là même il ne poussa pas la chose plus loin, jusqu'à s'abandonner, & contenter sa passion sur elle ?

A rep. Et denié.

94. *Int.* Si lui ayant même causé de la douleur dans les entrailles, elle ne s'en plaignoit pas à lui, & si s'en étant plainte, il ne lui répondit pas, *je le crois bien ?*

A rep. Et denié.

95. *Int.* Si en prenant des libertez avec elle il n'y a pas mis les mains dans des endroits indécens, & que la pudeur empêche de nommer ?

A rep. Et denié.

96. *Int.* Si par des atouchemens il ne la conduisoit pas à des chatouillemens, qui font la consommation du crime ; & si elle lui demandant l'éclaircissement de ce qui se passoit, il ne s'est pas mis à rire ?

Cet Interrogatoire, & les 97. 98. & 99. sont prouvez par la procedure.

A rep. Et denié.

97. S'il ne lui a pas fait des baisers dans des endroits indécens?

A rep. Et denié.

D

98 *Int.* Si en conséquence de toutes ces libertez elle ne lui disoit pas qu'elle se trouvoit moüillée ?

A rep. Et dénié

99. *Int.* S'il ne lui est pas arrivé, même dans le Carême, & presque tous les soirs de lui faire des baisers au visage & à la bouche dans l'Eglise avant qu'elle entrât dans le Confessional?

A rep. Et dénié.

100. *Int.* Si en conséquence de toutes ces libertez, & de tous ces crimes, il ne survint pas une supression de ses Regles, dont elle lui fit confidence ?

A rep. Que le contenu à l'Interrogat est faux, & qu'elle ne lui a jamais fait une pareille confidence.

101. *Int.* S'il ne lui a pas donné des Breuvages propres à lui procurer l'Avortement ?

A rep. Que non.

102. Sur quoi lui avons representé qu'il ne nous dit pas la verité, puisqu'il paroit par la procedure qu'il étoit attentif lui-même à lui porter des écuelles d'eau, & que ladite Cadiere se plaignoit que cette eau étoit rougeatre, & qu'elle avoit mauvais goût ?

A rep. Qu'il est vrai que lad. Cadiere s'étant plainte à lui en divers tems, qu'elle étoit extrémement alterée, à compter du commencement de son obsession, jusqu'au tems qu'elle étoit partie pour Ollioules, le Répondant lui avoit quelque fois presenté lui-même de l'eau, qu'il alloit par charité en prendre; d'autre fois en passant pour se retirer, il avertissoit qu'on lui en portât, laquelle circonstance est exactement detaillée dans le memoire qu'a donné lad. Cadiere de son Carême, mais que cette eau étoit toute pure & simple, & qu'il ignore s'il y a de pareils Breuvages au monde.

Ses aveus sur les subséquens Interrogatoires, prouvent la verité de celui-ci & la mauvaise foi de la negative qu'il en passe.

Il nie d'abord d'avoir donné aucun Breuvage à la Cadiere ; mais comme Mrs les commissaires lui font entendre que le fait est prouvé par la procedure, il l'avoüe sous la qualification d'eau naturelle, & dit qu'il lui en a donné par charité, & que cette circonstance est marquée dans le Carême ; mais il est certain que c'est là un Breuvage qu'il lui avoit donné pour lui procurer un avortement.

1°. Il n'est nullemeue dit dans le Carême, qu'il eût donné de l'eau à sa Penitente.

2°. Un Jesuite, un grand Prédicateur un fameux Directeur se seroit-il avili jusqu'à se rendre l'Infirmier de sa Dévote? sa servante, sa mere, sa belle sœur, & ses freres n'aurioent-ils pas suffi à lui donner à boire, sans que ce Directeur fût descendu à la cuisine pour lui en aporter ?

3°. Il est prouvé par la procedure, que quoique la servante, la mere & les autres parens voulussent porter cette eau, le Pere Girard ne l'avoit pas voulu, & ne vouloit pas qu'ils y touchassent ; on ne peut donc pas attribuer sa démarche à la charité, mais à un motif plus interessant pour lui.

4°. Pourquoi ne lui donnoit-il pas à boire dans un verre, mais dans une écuelle ? n'est-ce pas parce que le verre est transparent, & qu'on auroit vû la couleur rougeatre de cette boisson, & que l'écuelle étoit une précaution contre cet inconvenient?

5°. D'où vient qu'il ne lui avoit jamais donné aucun boüillon ; & qu'il ne donnoit lui-même que la premiere écuelle d'eau, & que s'il falloit donner à sa Dévote d'autres fois à boire dans le même jour, il ne s'en mêloit plus ? sa charité étoit-elle bornée à une premiere écuelle d'eau ?

103. *Int.* Si profitant de ses extases, il ne lui a pas passé la main dans son corps, qui étoit délacé, ou bien pris la main de la dite Cadiere, & l'avoit mise sur sa poitrine?

A rep. Et dénié.

Cet Interrogatoire que l'Accusé nie si lestement, est pourtant prouvé par la déposition de la Batarelle, & de l'Allemande, mere & fille.

104. *Int.* Si lui, Repondant, n'avoit pas dans le cœur une playe interieure pareille à celle que ladite Cadiere avoit exterieurement, & si sous ce pretexte, il n'a pas aproché sa poitrine à découvert de celle de ladite Cadiere ?

rep. Et dénié.

Il n'étoit pas juste d'exiger de lui qu'il avoüât cet Interrogatoire ; il est pourtant prouvé par les depositions des temoins dénommez dans l'article precedent, qu'il avoit fait accroire à la Cadiere qu'il avoit un Stigmate interne dans le cœur, & que sous ce pretexte, il avoit fort bien apliqé son côté sur celui de sa Penitent., pour faire baiser les Stigmates. Dans sa Reponse au 11. Inter. de ses secondes Reponses personnelles, il a avoüé d'avoir dit à sa Penit.nte qu'il avoit le côté droit de sa poitrine plus elevé.

105. *Int.* Si tous ces breuvages n'avoient pas procuré une perte de sang à la Cadiere?

A rep. Et dénié ; disant, qu'il ne lui a jamais donné aucun breuvage.

Quoique cet Interrogatoire embrasse deux faits ; l'un, s'il n'avoit pas donné des breuvages à la Cadiere ; l'autre, si elle n'avoit pas eu une grande perte de sang procurée par ces breuvages, il ne repond pourtant que sur le premier, & ne dit rien sur la perte de sang ; il est neanmoins prouvé par la Procedure que ce breuvage par lui donné pendant huit jours avoit fait faire à sa Penitente une masse, que l'Official apelle de sang, & le Lieutenant, de chair.

106. *Int.* Si ladite Cadiere ne lui a pas montré un pot de chambre plein de sang, & s'il ne l'a pas consideré avec attention ?

A rep. Que ladite Cadiere, après Pâques, se voulant preparer à sa Transfiguration du 8. Mai, elle lui avoit dit que Dieu la voulant renouveller entierement, il lui faisoit perdre tout son sang petit à petit, pour la reproduire tout de nouveau, ce qui jetta le Repondant dans un grand étonnement ; attendu qu'il lui voyoit toûjours sa couleur naturelle, & aucun abatement ; & comme souvent il lui avoit paru surpris de cela, un soir étant chez elle, à la fin d'avril, elle prit un pot de chambre, dans lequel il y avoit une liqueur noirâtre, qu'elle emporta sur le champ, & mit dehors de sa chambre.

1°. A qui veut persuader l'Accusé, qu'un Jesuite aussi éclairé & aussi experimenté que lui, aura crû que Dieu faisoit perdre peu à peu tout son sang à la Cadiere, pour la renouveller entierement ; & que c'est pour cela qu'elle lui avoit montré ce pot plein de sang ?

2°. A-t-il des lumieres superieures à celles des Medecins & des Chirurgiens, pour pouvoir connoître par l'examen de ce sang, s'il procedoit d'une incommodité naturelle, ou si Dieu vouloit faire perdre tout son sang à sa Penitente pour la reproduire tout de nouveau ?

3°. Il est tombé là-dessus dans deux variations bien marquées. Dans cette reponse, il dit d'une part, qu'il n'avoit vû cette liqueur noirâtre dans ce pot, que pendant qu'elle le transportoit hors de sa chambre ; & de l'autre, qu'elle lui avoit dit que Dieu lui faisoit perdre tout son sang pour la reproduire. Cependant à la page 5. de son Memoire il dit que Dieu lui faisoit perdre tout son sang, non pas pour la renouveller, mais pour la faire mourir, & qu'elle lui avoit montré dans un vase de Fayence une quantité de liqueur rougeâtre & noirâtre, & par consequent pour en faire un examen, la variation est le caractere du mensonge.

4°. Cette seule familiarité d'avoir examiné un pot plein de sang de sa Penitente, ne suffit-elle pas pour prouver leur commerce ?

5°. Ce pot plein de sang, quelque pretexte qu'il veüille donner à l'examen qu'il en a fait, ne prouve-t-il pas cette blessure ?

107. *Int.* Si lorsqu'elle porta ce pot de chambre dehors ; lui, Repondant, ne dit point alors, quelle imprudence !

A rep. Et dénié.

Il nie d'avoir dit, lorsque la servante portoit ce pot de sang, quelle imprudence ! ha ! quelle imprudence ! Mais ce fait est prouvé par la deposition de la servante, qui en est le temoin necessaire, & cela prouve bien l'avertement.

108 Sur quoi lui avons representé qu'il ne nous dit pas la verité, & que tant d'accès & de familiarité dans la maison d'une jeune fille, font croire qu'il y alloit pour satifaire sa passion.

A rep. Avoir dit la verité, qu'il n'a pas

Il dit de n'avoir pas été souvent à la mai-

été souvent dans cette maison, & qu'il y a toûjours été apellé par la mere & les freres, qui le
remercioient toutes les fois qu'il se montroit,
de toutes les peines qu'il vouloit bien prendre.

son de la Cadiere, & qu'il a toûjours été appellé,
par ses freres; cependant il est prouvé par la procedure d'une part, qu'il y a été plus de cent fois,
& de l'autre, qu'il n'y a jamais été apellé, ni par
sa mere, ni par ses freres, si l'on en excepte quel-

que fois que l'Abbé avoit été l'apeller de son ordre; c'est-à-dire, du Pere Girard.

109. *Int.* Pour quelle raison ladite Cadiere alla au Couvent d'Ollioules.

A rep. Qu'elle lui avoit dit avoir eu une vision, dans laquelle Sainte Claire vouloit l'avoir
dans son Ordre; ainsi qu'il est marqué dans le
Journal du Carême de ladite Cadiere, & que le
Repondant, sans faire fonds sur la revelation,
après l'avoir éprouvée suffisamment, jugea à pro-
pos de l'envoyer audit Monastere, afin qu'étant
dans un Village, elle fût moins exposée au grand
monde; il écrivit pour cela à la Superieure le 22.

*C'étoit lui qui lui avoit persuadé d'aller
au Couvent de Ste. Claire d'Ollioules, non
pas pour cacher ses prodiges, comme il a
été observé sur le 40. Interrogatoire; son
obstination à l'empêcher de sortir de ce Monastere; prouvée par ses lettres; ne permet
pas d'en douter.*

du mois de Mai, dont il reçut la réponse le léndemain, ladite Cadiere étant alors à son voyage d'Aix, de Marseille, & de la Sainte Baume, où elle
étoit allée en compagnie de ladite Guyol, & de la Reboul, pour prendre congé du monde

110. *Int.* S'il ne la mit pas au Couvent d'Ollioules, pour voir la Cadiere avec moins d'éclat, &
avec plus de satisfaction?

A rep. que pareilles vûes ne l'ont point fait
agir, & qu'il ne demandoit que le salut de la Cadiere & le sien.

*La procedure, ses lettres & ses aveux prouvent
s'il avoit en vûe de travailler à son salut; & à
celui de sa Penitente.*

111. *Int.* Quel jour elle entra au Couvent.
A rep. Que ce fut le 3. du mois de Juin.

Cette reponse est veritable.

112. *Int.* Quand est-ce qu'il alla voir ladite Cadiere à Ollioules.
A rep. Que ce fut environ quinze jours après.

*Cette réponse est fausse, puisqu'il est prou-
vé par la procedure, que la Cadiere est*

entrée le 6. Juin, & qu'il est justifié par la lettre de l'Accusé du 9. du même mois; que
le jour de cette lettre, il avoit déja été la voir: car il y dit, Madame l'Abbesse m'a
dit, &c. Si l'Abbesse lui avoit dit, si elle lui avoit parlé, ce ne pouvoit être qu'au Couvent, puisqu'elle n'en sort pas. Cela est bien encore prouvé par la lettre de la Cadiere,
du 15. Juin, où elle lui dit, de ne pas faire fonds sur ce que l'Abbesse lui dit der-
nierement; car ajoûte-t-elle, dès que vous fûtes retiré, elle parla, &c. voilà donc
la fausseté de cette reponse, prouvée par ces deux lettres.

113. *Int.* Combien de tems elle resta au Couvent?
A rep. Qu'elle y a resté jusqu'au 17. Septembre.

*Cette reponse est veritable, parce qu'elle lui est
paru indifferente.*

114. *Int.* Combien de fois il a visité la Cadiere dans le tems qu'elle a resté à Ollioules?
A rep. Que dans les trois mois & demi qu'elle
a resté à Ollioules, il y fut huit à neuf fois, compris un voyage pour faire une exhortation à la
Communauté, se ressouvenant des dattes de ses
derniers voyages, qui sont le 28. Juillet, le 11.

*Cette reponse est fausse, puisque la procedure prou-
ve qu'il l'alloit voir deux ou trois fois par semaine;
un amour aussi ardent que le sien pouvoit-il souffrir de plus longues absences?*

Août, le 21. dudit mois, le 1. Septembre, & le 15. du même mois.

115. *Int.* Si quand il alloit à Ollioules, il entroit dans le Couvent.
A rep. N'y être entré qu'une seule fois, qui
fut le 7. de Juillet, où la Cadiere eut une transfiguration toute pareille à celle du 8. Mai, & du
7. Avril.

*Il avoue d'être entré une fois dans le Couvent;
il avoue que le 7. Juillet la Cadiere y eût une transfiguration semblable à celle du 8. Mai, & du 7.
Avril.*

116. *Int.* S'il fut long-tems dans le Couvent.
A rep. Qu'il y resta depuis dix heures du matin
jusqu'à cinq heures du soir.

*Il avoue d'avoir resté dans la Chambre de sa Pe-
nitente au Couvent d'Ollioules le 7. Juillet, depuis
10. heures du matin, jusqu'à cinq heures du soir.*

la procedure prouve qu'il y fut depuis neuf heures du matin jusqu'à quatre heures du soir; la transposition
de cette heure du matin à l'après-dîné, n'est que pour diminuer le tems qu'il demeura enfermé avec sa
Devote.

117. *Int.* S'il trouva encore la Cadiere dans son extase.
A rep. Que non, & qu'elle en étoit reve-

*1°. Il convient que la transfiguration que la
Cadière*

nuë depuis huit heures du matin ; il trouva toute la Communauté extafiée des merveilles qui s'operoient dans la Cadiere ; qu'il resta dans la Chambre avec la Superieure, l'Affiftante, la Maîtreffe des Novices, & l'infirmiere, qui vinrent tour à tour dans la chambre de ladite Cadiere, qui étoit dans son lit ; de-là il alla dire son Office dans le chœur, pendant lequel tems l-dite Cadiere se leva, & qu'ayant mangé un potage, elle alla avec lui Repondant, la Superieure, & plufieurs autres Religieufes, vifiter le Couvent, affifté du Confeffeur de la maison, qui y étoit entré avec le Repondant.

Cadiere avoit euë, avoit fini à huit heures.
2°. Qu'il trouva toute la Communauté extafiée de ces merveilles.
3°. Il n'affecte de parler ainfi de toutes les vifites que les Religieufes qu'il dénomme lui firent dans la chambre de la Cadiere, que pour tâcher de perfuader qu'il ne refta point feul avec elle, & qu'il ne se paffa rien de criminel ; mais il eft prouvé par cinq temoins irreprochables, qui font, l'Abbeffe, la Maîtreffe des Novices, la Dame de Guerin, la Demoifelle Hermite, penfionnaire, & Marianne Materonne, Tourriere, qu'il demeura feul enfermé dans la Chambre de sa Penitente depuis neuf heures du matin, jufqu'à midi ; & que les vifites dont il parle ici, ne furent faites que depuis midi

jufqu'à quatre heures, que la porte n'étoit que pouffée.

118. *Int.* Si la Superieure ne lui dit pas de l'avoir envoyé prendre, & s'il avoit rencontré l'Exprès qu'on lui avoit envoyé ?
A rep. Qu'il ne l'avoit point vû, & qu'il avoit trouvé la lettre à son retour à la maifon.

Il avouë d'avoir été à Ollioules le jour de cette transfiguration, avant qu'il eût reçu la lettre que l'Abbeffe lui avoit écrite, pour lui marquer cette

transfiguration ; & encore de n'avoir pas rencontré l'Exprès qu'elle lui avoit envoyé ; & comme on lui demanda comment il avoit sçû ce qui se paffoit, il repondit que son bon Ange le lui avoit dit en difant la Meffe.

119. *Int.* S'il ne se fervoit pas de l'occafion des extafes de la Cadiere, pour refter feul & tête à tête avec elle ?
A rep. Que non.

Il nie ici de s'être fervi de l'occafion des extafes pour refter feul, & tête à tête avec elle, mais la verité de cet Interrogatoire n'eft-elle pas prouvée, non feulement par la procedure, mais encore par plufieurs de ses reponfes, & entre autre, par celle qu'il a fait au 88. Interrogatoire, où il avouë de s'être enfermé un jour avec elle, fous prétexte qu'elle devoit être enlevée en l'air ; & d'avoir voulu la précipiter dans l'extafe, en lui difant de s'abandonner à l'efprit de Dieu, & de lui avoir reproché qu'elle y refiftoit ?

120. *Int.* S'il ne l'a pas baifée au travers de la grille, & par la fenêtre du parloir, & celle du Chœur ?
A rep. Et denié.

Il paffe maintenant negative des baifers qu'il avoit donné à la Cadiere par la fenêtre de la grille du Parloir, ou de celle du Chœur ; mais ils font prouvez par la procedure.

121. Sur quoi nous lui avons reprefenté qu'il ne nous dit pas la verité, puifqu'on a vû ladite Cadiere fortir la tête de la grille, & qu'une Religieufe dit à la Cadiere en prefence de lui Répondant, qu'elle faifoit une action imprudente.

A rep. Qu'il n'a point entendu ce que cette Religieufe peut avoir dit ; mais que faifant son action de graces dans l'Eglife, il a vû deux ou trois fois lad. Cadiere fortir la tête de la Grille pour apeller la Tourriere, & la fervante de sa mere qui étoit à l'Eglife.

Ici il avouë une partie de l'interrogatoire précedent qu'il a nié en total ; il convient qu'étant dans l'Eglife il a vû deux ou trois fois que la Cadiere avoit paffé la tête par la fenêtre de la grille du Chœur ; il eft vrai qu'il veut que ce fût pour apeller la Tourriere, ou la fervante de sa mere ; mais malheureufement pour lui, les témoins

lui donnent un dementi, & difent que c'étoit pour se baifer, & qu'ils les ont vû s'embraffant & se baifant par cette fenêtre.
En second lieu, il ne nie pas que des Religieufes n'euffent dit à la Cadiere, qu'elle faifoit là une action imprudente, mais feulement de l'avoir oüi ; aparemment que cela avoit été dit du côté de son oreille droite, dont il eft fourd quand il lui plaît.

121. *Int.* S'il n'a pas dîné un jour au parloir avec ladite Cadiere ?
A rep. Y avoir dîné la veille de fainte

L'Interrogatoire fubfequent prouve que la

Claire, qui étoit le jour qu'il alla faire l'exhortation à lad. Communauté, que la Cadiere étoit veritablement presente lorsqu'il dînoit, par ordre de la Superieure, pour lui donner les plats qui étoient dans le parloir interieur, & pour lui tenir compagnie.

fonction de sa Dévote n'étoit pas reduite à lui donner les plats le jour qu'elle dîna au Parloir.

123. *Int.* S'il ne lui tenoit point la main, en dînant, par amitié?

A rep. Que non.

Il est prouvé par la procedure, & sur tout par la déposition de la Tourriere, que pendant tout le repas l'amour le priva de l'usage d'une main, qu'il tenoit dans celle de la Cadiere.

124. *Int.* S'il ne la voyoit pas au parloir seule, & tête à tête?

A rep. Et accordé.

Il avoüe qu'il la voyoit au parloir seul & tête à tête; il est même certain, & prouvé qu'il y passoit des jours entiers; il a cru que cela ne valoit pas la peine de le nier; de minimis non curat Prætor.

125. *Int.* Si étant seul avec elle, il n'a pas profité de ce tems-là pour la faire découvrir?

A rep. Que non.

126 *Int.* S'il ne lui a pas donné la discipline au parloir?

A rep. Que non.

Il a crû que ces deux Interrogatoires méritoient bien une dénégation, & qu'il n'étoit pas juste qu'il joignit son aveu à la preuve qui en résulte de la procedure: au reste, il étoit en coûtume de donner la discipline à sa Pénitente; c'en étoit là la pénitence ordinaire, qu'il sçavoit apliquer à son profit.

127. *Int.* Si pour se procurer quelque satisfaction & contentement, il n'ouvroit pas la petite porte de la grille avec un couteau pointu?

A rep. Et dénié.

Il nie ici d'avoir ouvert la porte de la fenêtre de la grille avec un petit couteau, lorsque transporté par les ardeurs immoderées de sa direction, il vouloit charitablement embrasser & baiser sa Dévote; mais le fait est bien prouvé par la procedure, & sur tout par la déposition de la Tourriere.

128. *Int.* S'il ne lui a pas coupé les cheveux de la tête pour former la place de cette Couronne d'épines?

A rep. Et dénié.

Il avoit lui-même fait à la Cadiere cette fameuse Couronne en lui coupant les cheveux au tour de la tête, qu'il emporta.

129. *Int.* S'il avoit vû la marque de cette Couronne d'épines;

A rep. L'avoir vûë, que c'étoit un petit cercle large d'environ deux doigts, & teint de sang.

Il fait ici l'aveu & la description de cette Couronne.

130. *Int.* S'il y avoit vû du sang coulant?

A rep. Que non; mais qu'une fois dans l'Eglise en apuyant la main sur le haut de la tête, elle fit apercevoir le Répondant qu'il en découloit du sang sur le front, & se plaignit des douleurs qu'elle ressentoit.

Non-seulement il convient sur le précedent Interrogatoire, que la Couronne étoit teinte de sang, mais encore il ajoûte ici, qu'un jour dans l'Eglise il en vit découler du sang sur le front.

131. *Int.* S'il n'a pas dit aux Religieuses d'Ollioules, qu'elles devoient avoir gardé le sang qu'on lui avoit ôté dessus le front, & que ce sang feroit un jour des Miracles?

A rep. Que non.

L'interrogatoire qu'il nie ici est prouvé par la procedure, & même qu'il ajoûta que la Cadiere avoit déja fait des Miracles à Toulon; ce qui fait voir qu'il la donnoit pour une Sainte.

132. *Int.* Si lad. Cadiere n'a pas communié miraculeusement d'une partie de l'Hostie que le Répondant consacra à la sainte Messe?

A rep. Que non.

La négative est le partage des coupables; il est prouvé par la procedure, & sur tout par la déposition de la Dame de Guerin, & par les Dames de Lescot & de Raimbaud Religieuses Clairistes dans leur confrontation avec la Cadiere, que le 7. Juillet, jour de la transfiuration de celle-ci, dabord que l'Accusé fut arrivé, la Dame de Beaussier la cadette, lui ayant fait le detail de tout ce qui s'étoit passé dans sa Devote, & ajoûte qu'elle avoit communié miraculeusement, il lui repondit: ne voulez-vous pas que je sçache, puisque c'est moi-même qui l'ai communiée?

...mment cela se peut-il, lui repartit cette Religieuse? ignorez vous qu'il y a des trans-ports, répliqua-il? ce qui l'effraya si fort, qu'elle en fut deux jours malade; & une autre religieuse prit de-là occasion de dire à celle-là: entends tu cela? ils sont saints l'un & l'autre?

133. Sur quoi lui avons representé, qu'il ne nous dit pas la verité, puisqu'on lui a entendu dire en entrant dans la chambre de la Cadiere: *petite gourmande, vous m'a-vez derobé la moitié de ma portion?*

A rep. Avoir dit la verité, & nié le contenu au present Interrogatoire.

La même mauvaise foi lui fait nier le fait contenu dans cet Interrogatoire; mais les mêmes témoins en font la preuve; & qu'en entrant dans la chambre de sa Pénitente, il lui dit d'un air badin: petite gourmande, me viendrez-vous toûjours prendre la moitié de ma portion? *pour faire entendre qu'il l'avoit communiée par transport avec la moitié de l'Hostie qu'il avoit consacrée le matin en disant la Messe à Toulon.*

134. Int. Si pleusiurs persones ne lui disoient pas qu'il donnoit dans une trop grande crédulité, en ajoûtant foi aux Merveilles qui arrivoient à lad. Cadiere.

A rep. Qu'il n'a aucune idée du contenu audit Interrogatoire, & qu'il n'a jamais témoigne rien croire de positif sur les choses extraordinaires qui lui arrivoient.

1o. Il est prouvé par la procedure, & sur tout par la déposition de Mariane Calas, qu'un jour en se confessant à l'Accusé, elle lui dit qu'elle etoit surprise qu'il eût tant de crédulité pour les Miracles de la Cadiere, & que le Pere Girard la reprit si severement de son incrédulité, qu'il lui refusa pour cela l'absolution.

2o. Il est prouvé par le dernier memoire de la Cadiere, pag. 9. & suiv. qu'il croyoit si bien, ou du moins faisoit semblant de si bien croire aux Merveilles de la Cadiere, qu'il en oublioit les Miracles, & la donnoit pour une sainte; il avoit ses vûes; elles ne sont pas dificiles à deviner.

135. Int. S'il ne confessoit pas lad. Laugier?

A rép. E accordé.

Il avouë qu'il confessoit la Laugier; il la confesse encore; c'est ici la fameuse Laugier, une de ses Pénitentes stigmatisées, & de ses favorites, & le second temoin qu'il produit avec Guyol sa confidente, sous le nom du Promoteur.

136. Int. S'il ne la visitoit pas souvent?

A rep. Y avoir été deux ou trois fois pendant le tems d'un mois qu'elle fut malade.

Il avouë d'avoir visité deux ou trois fois la Laugier pendant un mois qu'il dit qu'elle fut malade; la procedure ne borne pas le nombre de ses visites, & ses incommoditez n'étoient que des accidens passagers.

137. Int. S'il ne se servoit pas du prétexte de ces maladies pour avoir un accés plausible dans la maison de ladite Laugier?

A rep. Que non.

Il nie cavalierement cet Interrogatoire; cependant il est parfaitement bien prouvé par la procedure, & qu'il mettoit ses Pénitentes dans un état d'obsession pour abuser d'elles dans les momens d'un accident, & encore que sous ce prétexte il s'étoit enfermé plusieurs fois dans la chambre de la Laugier.

138. Int. Quelle maladie avoit ladite Laugier?

A rep. Qu'il croit que c'étoit des vapeurs, ausquelles elle étoit sujette depuis ses premieres années.

Il veut donner ici pour des vapeurs, des veritables accidens d'obsession: en effet il est prouvé par la procedure, & par les depositions raportées à la pag. 30. & suivantes de nôtre premier Memoire, que les accidens d'obsession que la Laugier avoit, étoient si violens, que quatre ou cinq persones qui se mettoient sur elle, ne pouvoient pas la contenir; & que quand on lui presentoit le Crucifix, elle le mordoit, & y crachoit dessus: il est même notoire qu'elle est actuellement dans le même état d'obsession, & qu'elle en a eu depuis peu des accidens si éclatans, que tout Toulon en a esté revolté, & qu'il en a esté écrit ici pour cela plusieurs lettres.

139. *Int.* D'où vient qu'il ne remettoit pas ladite Laugier bien avec sa mere, & si ce n'étoit pour avoir occasion de la voir seule dans sa maison?

A rep. Qu'elle avoit deja quitté sa mere avant que de venir se confesser à lui, qu'il a fait tout son possible pour les mettre bien ensemble, & qu'il en étoit venu à bout.

Il nie cet interrogatoire; mais il est bien prouvé par la procedure, & même par sa propre conduite auprès de la Laugier.

140. *Int.* S'il ne lui est pas arrivé de faire un baiser à ladite Batarelle dans la maison de la Cadiere?

A rep. Qu'étant allé dire adieu à la Cadiere la veille de son départ pour Ollioules, la Damoiselle Batarelle, qui y étoit, le pria d'entrer un moment dans une chambre, sous pretexte de lui dire un mot, & que ladite Batarelle ayant brusquement fermé la porte de ladite chambre, embrassa le Répondant sans lui mot dire, & qu'il se dépétra sur le champ de ses mains, & sortit.

Il avoüe que dans une chambre de la maison de la Cadiere, la Batarelle sa pénitente l'embrassa, & le baisa; il est vrai qu'il prétend qu'il fit tout ce qu'il pût pour s'en dépétrer; on sçait pourtant que le baiser fut réciproque.

141. *Int.* Si elle Batarelle ne lui avoit pas fait confidence qu'elle vouloit l'embrasser au Confessiona?

A rep. Que non.

Il nie que la Batarelle eût voulu l'embrasser au Confessional; mais n'est-il pas prouvé par la procedure, & même par la deposition de cette Batarelle, qu'il l'avoit embrassée, & baisée au Confessional.

142. *Int.* Si l'amitié qu'il avoit pris pour toutes ces jeunes personnes, ne le portoit pas à leur permettre de faire des parties de campagne?

A rep. Qu'il leur avoit permis de le faire deux fois au plus.

Il reduit les parties de plaisir à la campagne, qu'il avoit permises à ses Penitentes, à deux; en cela il n'est pas d'accord avec la procedure, qui renferme la preuve d'un plus grand nombre de ces Fêtes champêtres, lors desquelles il envoyoit des bouquets à ses Nimphes pour s'orner de fleurs.

143. *Int.* S'il ne leur donna pas une fois le Clerc de son Eglise pour servir, & faire la cuisine?

A rep. Qu'il l'avoit accordé une fois à la demande de ladite Cadiere, parce que ce Domestique étoit fort connu dans la maison de sa mere.

Il avoüe ici d'avoir prêté le Clerc des Jesuites pour servir de Cuisinier à ses Pénitentes dans ces parties de plaisir à la campagne.

144. *Int.* S'il ne fut pas instruit que lad. Cadiere avoit eu une extase à cette Bastide, & que s'étant masquée en Bohemiene, elle dansa le reste du jour?

A rep. N'en avoir rien sçû.

Il nie d'avoir sçû l'extase que la Cadiere avoit eu dans une de ces parties de plaisir, & qu'elle se fût masquée en Bohemiene, & eût dansé le reste du jour; son cœur étoit pourtant trop attentif à tout ce qui la regardoit, pour l'avoir ignoré c'est ainsi que ses Penitentes avoient des extases par tout, ce qui donna lieu à l'Allemande de dire un jour à l'Accusé, on diroit que les dons du Ciel sont chez vous aux encheres, tant ils sont devenus communs parmi vos Pénitentes: cependant parmi ces parties de plaisir si frequentes, ces mascarades & ces danses, il ne laissoit pas de les faire communier tous les jours, & les dispensoit encore de toute priere vocale; voilà une belle direction?

145. *Int.* Si au retour de cette Bastide, ladite Cadiere & quelques autres, n'allerent pas passer aux Jesuites, ne firent pas apeller lui Repondant, & ne lui toucherent pas la main à la Porte de la Maison?

A rep. Qu'il en vint effectivement quelques-une lui souhaiter le bon soir, niant le surplus de l'Interrogatoire.

Il avoüe le remerciment que ce petit troupeau cheri lui alloit faire au retour de ces parties de plaisir, pour lui souhaiter le bon soir; mais après avoir avoüé d'avoir patiné tout le corps de la Cadiere, ce chaste Directeur ne peut pas se résoudre ici à convenir qu'il eût touché la main à ses Devotes.

146. *Int.* Si quand toutes ces filles lui étoient auprès, il ne s'apercevoit pas de l'amitié qu'elles lui portoient.

A rep. Qu'il n'a rien remarqué de cela.

Il veut ne s'être point aperçu que ses Penitentes avoient de l'amitié pour lui;

tandis qu'il est prouvé par la procedure, & par ses propres lettres qu'il brûloit pour elles d'une flâme incestueuse, & que par les pernicieuses maximes du Quietisme dont il les nourrissoit, il avoit si fort enflammé leur cœur. Au surplus il paroit assez naturel d'aimer un Directeur qui a l'art d'allier les plaisirs avec l'interêt du salut, & de parsemer de fleurs le chemin du Ciel.

147. Sur qui nous lui avons representé qu'il ne nous dit pas la verité, puisqu'il a continué de confesser la Batarelle.

A rep. Qu'il a fait son devoir à cet égard, sans pouvoir s'expliquer d'avantage, à cause de la confession.

Il employe le pretexte du voile de la Confession pour éluder la force de cet Interrogatoire, & pour se dispenser de

dire pour quelle raison il avoit continué de confesser la Batarelle, après les baisers impudiques qu'elle lui avoit donnez; tant il reconnoît que c'est là une preuve des libertez criminelles qu'il prenoit avec ses Devotes, & quel autre Confesseur que lui n'auroit pas renvoyé une pareille Penitente?

148. Int. Depuis quand il a cessé de confesser ladite Cadiere.

A repond. Que c'est depuis le 11. du mois d'Août, & qu'il a cessé de la voir depuis le 16. de Septembre.

S'il n'avoit pas confessé la Demoiselle Cadiere depuis le 12. Août, & qu'il eût continué de l'aller voir au Couvent jus-

qu'au 16. Septembre, les voyages qu'il y faisoit n'étoient donc pas pour la confesser, comme il a voulu le persuader si faussement par son Factum.

149. Int. Pour quelle raison il a cessé de la confesser, & de la voir.

A repond. Que ne pouvant la faire taire sur les choses extraordinaires, qu'elle disoit lui être arrivées; ayant sçû qu'elle avoit dit, & fait dire à Mr. l'Evêque par ses freres des faits miraculeux, que lui, Repondant, sçavoit être absolument faux, comme celui de la Police, qu'elle disoit avoir donné au Repondant, & la Communion miraculeuse d'une partie d'Hostie, que lui Repondant consacroit à la Messe, & découvert d'ailleurs qu'elle l'avoit trompé sur un fait important, il se crût obligé de la quitter absolument, & qu'il l'auroit fait sur le champ, si Mr. l'Evêque ne lui avoit ordonné de la revoir.

Tous les pretextes qu'il aporte pour persuader qu'il a quitté la Cadiere, sont faux. 1°. Ce n'étoit pas elle qui repandoit le bruit des choses extraord.naires qui se passient en elle, mais lui, comme nous l'avons montré par nôtre dernier Memoire, pag. 11. & suiv. & sur plusieurs Interrogatoires, & sur tout sur le 40e. 2°. La Demoiselle Cadiere n'a jamais dit de lui avoir remis la Police. 3°. La verité du fait de la moitié de l'Hostie est prouvée par trois temoins. Comme nous l'avons fait voir à la pag 8. & 9. de nôtre dernier Memoire, & sur les 142. & 143. Interrogatoires.

150. Int. Quel est ce fait important? A rep. Que c'est la communication du Journal du Carême qu'elle avoit fait au dehors par le moyen de ses freres, qui l'avoient eux mêmes composé, quoique ladite Cadiere eût toûjours protesté au Repondant, qu'elle gardoit exactement le secret sur ses dispositions interieures.

1°. La Demoiselle Cadiere, ni ses feres, n'avoient point repandu le Memoire du Carême. 2°. Postericurement à la lettre de l'Accusé du 22. Août, par laquelle il se plaignoit *que le Memoire du Carême avoit été répandu, il avoit continué sa liaison avec la Demoiselle Cadiere, ce n'étoit donc pas là le sujet de la rupture.*

Enfin ce qui montre la fausseté de sa reponse, tant à cet Interrogatoire, qu'au precedent, c'est qu'il est justifié par sa lettre du 15. Septembre, raportée à la pag. 10. de nôtre premier Memoire, que la Demoiselle Cadiere l'avoit quitté malgré lui, & au grand regret de celui-ci; tant il est vrai que la bouche de l'Accusé n'est ouverte qu'au mensonge.

151. Sur quoi lui avons representé qu'il ne nous dit pas la verité, & qu'il y avoit d'autres raisons & d'autres motifs qui l'attachoient à ladite Cadiere, & qui peuvent avoir donné lieu aux lettres que nous lui avons fait représenter au nombre de cinq, & jointes à la procedure, dûement paraphées par Me. Martelly, Lieutenant de cette Ville, & Messire Larmodieu, l'Official; & l'avons interpellé de nous déclarer si c'est lui qui les a écrites, & après avoir examiné lesdites cinq lettres, a dit les reconnoître pour les avoir écrites. Après quoi elles ont été paraphées, tant par Nous, que par le Repondant, & dit que celle du 22. Juillet dernier, qui est l'importante qu'on a fait courir par tout, comme une lettre pleine d'ordures & de Quiétisme, ne renferme autre chose que des sentimens de religion, & d'une affection reglée; qu'il ne veut d'autre interprête de cette lettre, laquelle est en reponse de deux lettres de ladite Cadiere du 21. & 22. Juillet, que la reponse même que la Cadiere lui a faite du 24. Juillet à cette lettre de lui Repondant du 22. & que c'est là qu'on verra expliquées avec simplicité & droiture toutes les expressions, ausquelles ladite Cadiere & ses freres ont pretendu ensuite donner un si mauvais sens: que si cette lettre renferme quelque chose de mauvais, les freres de ladite Cadiere seroient infiniment plus coupables que lui Repondant, puisqu'ils voyoient eux-mêmes toutes les lettres du Repondant, & que le Pere Cadiere en inventoit les réponses, & l'Ecclesiastique les transcrivoit: en foi de quoi le Repondant nous a representé cette même lettre du 24. dont il a parlé ci-dessus, écrite de la main de l'Ecclesiastique Cadiere, & le projet ou modele de la même lettre du 24. du Pere Cadiere Dominicain; & pour justifier toûjours plus pleinement l'innocence de ce commerce de lettres, sur lesquelles on a tant fait de bruit, & la verité de tout ce qu'il nous a dit jusqu'ici. il nous avoit representé seize lettres de lui Repondant écrites à la Cadiere, & par elle renvoyées au Repondant, & vingt écrites d'Ollioules par ladite Cadiere à lui Repondant, sans y comprendre une autre

& 9. & les deux qu'il avoit écrites à la Demoiselle Cadiere, les 22. Juillet, & 15. Septembre, raportées à la page 8. & 10.

2°. Nous avons fait voir dans nôtre dernier Memoire, pag. 43. 44. 47. & suivantes, que les lettres de la Cadiere, des 21. 22. & 24. Juillet, ne peuvent point sauver les expressions de celle de l'Accusé, du 21. du même mois, & que cette lettre contient une preuve sans replique, non seulement de son amour incestueux pour sa Penitente, mais encore de son commerce avec elle; & qu'on ne peut pas juger de ses lettres par celles de la Cadiere, & que ses freres ne voyoient point les lettres du Pere Girard.

3°. Il a remis & fait joindre à la procedure vingt lettres de la Cadiere, les copies de ces lettres, les memoires du Carême, le memoire de la Sœur de Remusat, celui fait au sujet du voyage d'Aix, & 16. des lettres qu'il avoit écrites à la Cadiere, & qu'il a refaites, comme nous l'avons prouvé par nôtre dernier Memoire, pag. 45. & suivantes. Il a affecté de ne remettre que vingt des lettres de la Cadiere, quoiqu'il en eût plus de soixante, & de n'en remettre que seize des siennes, bien que dans les trois mois & demi qu'elle avoit passé au Couvent, il lui en eût écrit plus de cent, puisqu'il lui en écrivoit tous les jours; ainsi qu'il est justifié par sa lettre du 22. Juillet.

lettre qu'elle lui écrivit d'Aix pendant son voyage, dont la minute est écrite de la main du Pere Cadiere, qui cependant se trouvoit alors à Toulon. Plus, il nous a representé un memoire écrit par l'Abbé Cadiere, toûjours sous le nom de sa sœur, au sujet de la Sœur Remusat. Plus, le commencement d'un autre memoire écrit par le Pere Cadiere Jacobin, sur ce qui s'est passé dans le dernier voyage d'Aix, toûjours sous le nom de sa Sœur :

4°. *La precaution qu'il prit de faire retirer toutes ces lettres par la Gravier, prouve son dol, & la remiffion que la Demoiselle Cadiere lui fit de tous ses papiers, même des minutes de ses propres lettres, montre sa bonne-foi & sa simplicité.*

plus, neuf minutes de lettres écrites par le Pere Cadiere Dominicain, dont on produit la copie écrite de la main de l'Abbé Cadiere, excepté une adreffée à Mr. l'Abbé Camerle, & une minute d'un autre lettre que la Cadiere écrivit avant son départ pour Ollioules au Pere Alexis, Carme, Directeur du Tiers-Orde ; plus deux lettres de la Dame Abbeffe d'Ollioules, l'une écrite au Repondant, & l'autre écrite à Mademoiselle Cadiere, adreffée au même Repondant ; enfin une derniere lettre écrite à Mr. l'Evêque, faifant au tout quarante neuf lettres ou minutes, sans y comprendre les trois memoires du Carême ; nous requerant de parapher le tout pour être joint à la Procedure, ce qui a été fait par Nous à l'inftant.

152. *Int.* S'il sçavoit que ladite Cadiere n'écrivoit pas ses lettres.

A rep. Qu'il croyoit qu'elles les écrivoit, & qu'il n'a été detrompé que plus d'un mois après l'avoir quittée, ayant eu occafion de voir de l'écriture du Dominicain Cadiere, & de l'Abbé.

Cette reponse est une faußeté évidente. 1°. Comment veut-il avoir pris le caractere des freres Cadiere pour celui de leur sœur ? Quelle difference n'y a-t-il point entre l'écriture d'une femme, ou d'une fille,

& celle d'un homme, soit pour la formation des lettres, soit pour l'ortographe, & à qui veut il persuader qu'il ne connût pas le caractere de l'Abbé Cadiere qui étudioit alors chez les Jesuites, & dont il se servoit souvent pour se faire apeller lorsqu'il vouloit aller chez sa sœur. 2°. Qui croira que ce Directeur qui avoit frequenté si affiduëment sa Penitente pendant dix-huit mois, ne sçavoit pas si elle sçavoit écrire !

3°. Il veut n'avoir vû de l'écriture du Dominicain & de l'Abbé Cadiere, qu'un mois après avoir quitté leur sœur, & n'avoir reconnu qu'alors que c'étoient eux, & non pas elle, qui avoient écrit les lettres qui lui avoient été envoyées ; cependant il est prouvé qu'au mois de Mai 1730. c'est-à-dire, avant qu'elle fût au Couvent, & qu'elle lui eût écrit aucune lettre, elle lui avoit remis le memoire de ce qui lui étoit arrivé dans le voyage d'Aix ; le memoire qu'il lui avoit fait faire au sujet de la sœur de Remusat ; & un autre memoire contenant la premiere partie du Carême : tout cela écrit de la main du Dominicain, ou de celle de l'Abbé Cadiere, & qu'à l'égard du reste du memoire du Carême, la copie en avoit été écrite par le Dominicain, sous le dictamen de sa sœur, & le mis au net par l'Abbé Cadiere : que ce mis au net fut remis à l'Accufé le 21. Août, comme il est prouvé par la lettre de celui-ci du 22. & n'a t'il pas avoüé par sa reponse au 64. Interrogatoire, qu'il avoit reconnu que des deux copies qui lui en avoient été remises, il y en avoit une écrite par le Dominicain, & l'autre par l'Abbé : oportet mendacem effe memorem. Il est donc faux qu'il n'ait reconnu qu'un mois après que la Cadiere l'eut quitté, que les lettres de celle-ci avoient été écrites par ses freres, & qu'il eût crû jusqu'alors que c'étoit elle même qui les avoit écrites.

153. Sur quoi lui avons representé qu'il ne nous dit pas la verité, & qu'il est

bien mal aifé de croire qu'il ait pris pour le caractere d'une fille l'écriture de l'Abbé Cadiere.

A rep. Que la Cadiere avoit pris fes devans pour prévenir lui Répondant fur fon ftile, & fur fon caractere ; & qu'une preuve qu'il croyoit que les lettres venoient d'elle-même, ce que lui répondoit: qu'enfin fi fon commerce avec ladite Cadiere avoit eu quelque chofe de criminel, fes freres en auroient été les premiers inftruits, & en feroient les plus coupables ; mais qu'en cela ils travailloient conjointement avec leur fœur pour tromper lui Répondant, & le perfuader de la fauffe fainteté de leur fœur ; que c'étoit dans cette vûë qu'ils avoient compofé tant le Memoire journal, que le Memoire fur la Sœur Remufat, & le commencement du troifiéme Memoire, de ce qui lui étoit arrivé dans fon voyage d'Aix, & les lettres dont il nous a parlé ci-deffus, & joints à la procedure, & que c'eft fur la foi de toutes ces piéces, qu'il a donné dans le piége qu'ils lui ont tendu.

Cette réponfe n'eft pleine que de fupofitions. 1°. La Damoifelle Cadiere ne montroit pas à fes freres les lettres fumantes d'amour, que fon directeur lui écrivoit, parce qu'il lui avoit deffendu de les montrer à perfonne: cela eft fi vrai, que pour l'empecher de manifefter ce miftere d'iniquité au Confeffeur du Couvent, il lui avoit envoyé un formulaire de Confeffion, avec deffenfe de rien dire de plus : la differenfe qu'on trouve entre les lettres du Querellé, & les réponfes de la Cadiere, en eft encore une belle preuve.

2°. Bien loin que la Cadiere & fes freres euffent compofé tous ces Memoires pour le tromper, au contraire il eft prouvé par la procedure, que les freres Cadiere n'avoient fait que prêter leur main à leur fœur & que c'eft l'Accufé qui l'avoit forcée à faire tous ces memoires, & qui en avoit fait faire

encore un autre à la Dame de Lefcot Maitreffe des Noviffes, pour tromper non feulement la famille des Cadiere, mais encore tout le public, & pour la faire paffer pour une fainte, fe refervant pourtant à lui feul toute la réalité, & d'en recueïllir la gloire.

Voilà les obfervations que nous avons cru devoir faire fur les premieres réponfes du P. Girard ; elles font un texte & un fonds trop fertile pour penfer qu'un efprit plus fubtil, plus pénétrant, & moins occupé que le nôtre, n'y puiffe encore puifer des reflexions effentielles ; cependant celles que nous avons faites fuffiront pour montrer que les faits qu'ils a avouez forment une correction entiere contre lui, & que tous ceux dont il a paffé négative font prouvez, & que fes réponfes renferment autant de parjures qu'il a nié d'Interrogatoires.

OBSERVATIONS
SUR
LES REPONSES DE LA DEMOISELLE CADIERE.

ON doit diviser les réponses de la Demoiselle Cadiere en deux parties. La premiere est depuis le commencement jusqu'au 27. Fevrier exclusivement ; & la seconde depuis le 27. jusqu'à la : dans la premiere partie on reconnoît qu'elle se ressentoit déja des impressions du lieu ennemi où elle étoit detenuë ; elle avoit néanmoins encore la force de soûtenir la verité dans les faits les plus essentiels : mais depuis le 27. que la fille de la Guiol lui donna un breuvage, qui lui étourdit les sens, elle succomba entiérement sous le poids des violences & des menaces qui lui furent faites, & qui durerent jusqu'au 9. Mars ; aussi pendant tout cet intervalle on ne voit rien qui ne porte le caractere du mensonge & qui ne soit dementi par la procedure, par les lettres, & par les aveux de l'Accusé. Sur la premiere partie nous ne ferons que très-peu d'observations, pour faire voir qu'alors elle soûtenoit encore les faits les plus graves. Nous en ferons un peu plus sur la seconde partie, qui comprend depuis le 27. Fevrier jusqu'au 10. Mars, pour montrer qu'alors elle avoit été forcée d'abandonner absolument la verité : laissant au deffenseur du Prieur des crimes, qu'on avoit en vûë d'incriminer par cette inique variation, le soin d'en faire une plus ample analise. Au reste cette variation, qui n'avoit pour objet que de procurer à ce Jesuite coupable, l'impunité de ses crimes ; est un ouvrage si pitoyable, & même si ridicule, qu'il n'a tourné qu'à sa honte, & à sa plus grande conviction. En effet, à quoi pouvoit aboutir de faire varier cette fille, sans faire varier les témoins ? A quoi pouvoit aboutir de lui faire dire que le Pere Girard est un saint, & qu'il n'a eu avec elle que des manieres pures, modestes, innocentes, mêmes saintes tandis que plus de 60. témoins irreprochables, ses lettres & ses propres aveux publient hautement qu'il est un scelerat, un prophanateur des Sacremens, le corrupteur de ses Penitentes, & qu'il s'est plongé avec elles dans toutes sortes d'infamies ; *mentita est iniquitas sibi.*

REPONSES DE LA DEMOISELLE CADIERE.

Du Dimanche matin 27. Fevrier 1731.

Constituée Demoiselle Catherine Cadiere, &c.

1. *Interrogée* De son nom, surnom, âge & qualité.

A repondu S'appeller Catherine Cadiere fille de Joseph, Marchand, âgée d'environ 21 ans.

2. *Inter.* Pourquoi & à la requête de qui elle se presente pardevant nous

A rep. Qu'elle se presente pardevant nous pour obéïr à la Justice, ensuite du Decret d'ajournement contr'elle par nous decerné à la requête de M. L. P. G. du Roy, & à elle signifié, & ce sans obation de la procedure.

3. *inter.* Si elle connoit le P. Girard Jesuite.

A rep. Le connoître.

4. *int.* Si le P. Girard a été son Confesseur, & quand il a commencé de la confesser.

A rep. Qu'il a été son confesseur, & qu'il a commencé à la confesser peu aprés son arrivée en cette ville, & qu'il y aura environ trois ans à Pâques.

5. *int.* A l'indication de qui elle a pris le P. Girard pour son confesseur.

A rep. Qu'elle se confessoit auparavant à un Vicaire de la Paroisse, & comme les occupations de Vicaire lui faisoient perdre à elle beaucoup de tems, elle voulut changer de Confesseur, elle s'adressa au P. Girard, mais qu'elle ne sçait point à l'indication de qui.

6. *int.* Si avant de se confesser à lui elle n'entendit pas une voix qui lui montroit le Pere Girard, & disoit *ecce homo.*

A rep. Que cela ne lui est arrivé qu'après qu'elle a eu commencé de s'en confesser.

7. *Int.* De nous dire ce qu'elle entendit.

A rep. Que sortant de l'Église des Jesuites, elle vit le Pere Girard qui parloit avec deux Officiers, qu'elle entendit une voix qui lui dit, *Ecce Homo.*

8. *Inter.* De nous dire quand est-ce qu'elle entendit cette voix.

A rep. Que ce fut au commencement qu'elle se confessa au Pere Girard.

9. *Int.* Si elle avoit continué de recevoir pareilles revelations du Ciel dans ce qui lui arrivoit.

A rep. Que non, & que ce fut là la premiere qu'elle avoit eüe.

10. *Int.* Si elle a continué d'avoir de pareilles revelations.

A rep. Qu'oüi.

G

11. *Int.* De nous dire quelles fortes de revelations elle a continué d'avoir.

A rep. Ne s'en point reffouvenir, & que depuis les Exorcifmes qui lui ont été faits , & fa confeffion générale , elle a perdu le fouvenir de fes vifions & de fes graces prétenduës.

11. *Int.* Par qui elle a été exorcifée.

A rep. Que c'eft par le Prieur des Carmes , de l'ordre de Mr. l'Evêque.

13. *Int.* De nous dire à quel tems elle a été exorcifée.

A rep. Que c'eft dans le mois d'Octobre.

14. *Int.* De l'effet que firent fur elle ces Exorcifmes.

A rep. Qu'elle fe trouva par là délivrée des extafes & des vifions aufquelles elle étoit fujette.

15. *Int.* De nous dire de quelle efpece étoient ces extafes & ces vifions.

A rep. Qu'elle voyoit fouvent les Anges & les Saints, que quelquefois le Pere Girard lui étoit repré-fenté comme un Directeur plein de graces qu'il avoit reçûës de Jefus-Chrift , & qu'il répandoit fur les Ames , & comme un flambeau qui par fes lumieres éclairoit tout l'univers.

16. *Int.* En quel endroit elle recevoit ces vifions.

A rep. Par tout.

17. *Int.* Dans quel efprit elle les recevoir.

A rep. Qu'elle les recevoit comme des Dons de Dieu.

18. *Int.* Quel ufage elle faifoit de ces vifions.

A rep. Qu'elle les racontoit au Pere Girard.

19. *Int.* Qu'eft-ce que le Pere Girard lui répondoit là-deffus.

A rep. Qu'il lui difoit de fe livrer toûjours de plus en plus à Dieu qui operoit en elle.

20. *Int.* Si elle executoit fes Confeils.

A rep. Qu'oüi.

21. Si elle ne racontoit pas les vifions qu'elle avoit à d'autres qu'au P. Girard.

A rep. Et accordé.

22. *Int.* De nous dire à qui elle les racontoit.

A rep. Qu'elle les racontoit à fes amies , qui étoient la Demoifelle Laugier, Batarelle , Aleman, Boyer , Gravier , Reboule & Guyol , & à fes deux freres l'Ecclefiaftique & le Dominicain.

23. *Int.* De nous dire comment fes freres recevoient ce qu'elle leur difoit.

A rep. Qu'ils croyoient que tout cela venoit de l'efprit de Dieu.

24. *Int.* De nous dire fi elle n'avoit pas des connoiffances & des vifions de ce qui fe paffoit chez les autres.

A rep. Et accordé.

25. *Int.* De nous dire fi elle ne connoiffoit pas l'état des confciences , & fi elle n'avoit pas averti cer-taines perfonnes des pechez où ils étoient tombez ?

A rep. Et accordé.

26. *Int.* Si elle racontoit cela au Pere Girard.

A rep. Qu'oüi.

27. *Int.* Si elle difoit à fes amies & à fes freres qu'elle avoit connoiffance de l'interieur des confciences.

A rep. Et accordé.

Et attendu , l'heure tarde , &c.

Du Lundi , &c.

28. *Int.* Depuis quand elle eft dans la pratique de devotion.

A rep. Que jamais elle n'a eu d'attraits pour le monde , & qu'elle a toûjours été dans les pratiques de vertu.

29. *Int.* Quels ont été fes Confeffeurs.

A rep. S'être confeffée en premier lieu de Meffire Giraud , enfuite du Pere Maurin , Carme ; au du Pere de Sabatier , Jefuite ; de Meffire Doulone , Vicaire , & enfin du Pere Girard , Jefuite.

30. *Int.* Si Dieu ne lui avoit jamais indiqué de prendre aucun de ces Confeffeurs.

A rep. Que non.

31. *Int.* Si elle fe confeffoit fouvent.

A rep. Une fois la femaine , ou tous les quinze jours.

32. *Int.* Si elle a dit au Pere Girard qu'elle avoit entendu une voix qui lui dit , *Ecce Homo* , au mêm tems qu'elle le vit , parlant dans la Cour avec deux Officiers.

A rep. Ne le lui avoir point dit.

33. *Inter.* Comment elle a pû comprendre que cette voix lui parloit du Pere Recteur.

A rep. Que comme elle le regardoit dans le moment , cette voix ne pouvoit s'entendre que de lui.

34. *Int.* Comment elle reçût cette voix , & fi elle la receut comme une voix celefte.

A rep. Et accordé , difant qu'elle ne pût pas l'entendre autrement.

35. *Int.* Si après cette premiere infpiration de Dieu , elle n'a pas continué d'en avoir d'autres ?

A rep. N'en avoir eu.

Inter. Si elle n'a pas vû un Vaiffeau prêt à perir dans les Mers noires , & que Jefus-Chrift crucifié lui demanda une victime qui voulût expier par fes fouffrances , & fatisfaire à la juftice divine , pour le falut de ce Vaiffeau.

A rep. Et accordé , & s'être offerte elle-même en victime , & qu'elle s'aperceut que fon facrifice avoit été accepté , parce que les Stigmates fe fermerent , ce qui l'obligea d'avoir recours à une femme qui lui mit des emplâtres , ce qu'elle dit au Pere Girard , qui la gronda beaucoup d'avoir eu recours à des re-medes humains.

37. *Int.* Si elle raconta cette vision au Pere Girard.

A rep. La lui avoir racontée, & que le Pere Girard pour preuve de la verité de cette vision lui demanda à voir les Polices du Vaisseau.

38. *Int.* Si elle a eu les Polices de ce Vaisseau.

A rep. Avoir eu, & qu'on lui a aporté des papiers, & qu'elle a crû être les Polices de ce Vaisseau ; mais qu'ayant commis quelques infidelitez, les Polices disparurent.

39. *Int.* Si elle a raconté à ses freres ce fait.

A rep. L'avoir dit à Mademoiselle Guyol, & que ladite Guyol le dit à ses freres.

40. *Int.* Si quand elle trouva ces Polices, elle étoit dans son état naturel.

A rep. Qu'elle y étoit.

41. *Int.* Si son frere le Dominicain n'avoit pas prêté un livre ; intitulé *Morale des Jesuites*, à la Demoiselle Saurin ?

A rep. Ne l'avoir pas vû, mais l'avoir oüi dire.

42. *Int.* Si le Pere de Sabatier n'avoit pas raporté ce fait à Mr l'Evêque, & si on ne menaçoit pas son frere d'une lettre de cachet.

A rep. Et accordé.

43 *Int.* Si elle a parlé de ce fait au Pere Girard.

A rep. Lui en avoir parlé, & que le Pere Recteur lui dit qu'il ne se mêloit pas de cela, & que son frere disoit n'avoir point prêté ce livre.

44. *Int.* Quand est-ce qu'elle eut cette vision du Vaisseau ?

A rep. Que ce fut après Pâques dernieres.

45. *Int.* Si elle n'offrit pas au Pere Girard le meufle du Lion qui étoit à la poupe du Vaisseau ?

A rep. Et accordé, & que dans sa vision, cela lui avoit été offert.

46. *Int.* Si elle n'a pas eu une vision, où elle a vû une Ame en état de peché, & que Dieu, lui a offert de la sauver, si elle, Repondante, vouloit accepter l'état d'obsession ?

A rep. Et accordé.

47. *Int.* De quelle espece étoit cette vision.

A rep. Qu'elle vit un homme & une femme en état de nudité, qu'elle entendit une voix qui lui dit que cette femme étoit en peché, & que pour la sauver, Dieu demandoit d'elle qu'elle acceptât l'état d'obsession.

48. *Int.* Si elle sçavoit ce que c'étoit qu'état d'obsession ?

A rep. Que non.

49. *Int.* Si elle raconta cette vision au Pere Girard.

A rep. La lui avoir racontée, & que le Pere Girard la porta & la força d'accepter cet état d'obsession, ce qu'elle fit.

50. *Int.* Combien de tems elle a resté dans cet état d'obsession ?

A rep. Quatre mois, qui finirent au Carnaval de l'année passée, ne se ressouvenant pas positivement du commencement.

51. *Int.* Si elle raconta à ses freres la vision qu'elle avoit euë.

A rep. Ne la leur avoit dite, & n'y avoir parlé de son état d'Obsession que quand il a été fini.

52. *Int.* Si elle sçait ce que c'est que l'état d'obsession.

A rep. Ne le point sçavoir, & que le Pere Girard lui dit seulement que c'étoit s'exposer aux soufrances du Demon, en lui disant qu'il falloit bien se livrer à tout ce qu'on voudroit dire, faire & lui faire souffrir.

53. *Int.* De ce qui lui est arrivé dans son état d'obsession.

A rep. Qu'elle avoit des visions extraordinaires, comme des montagnes entassées les unes sur les autres, plusieurs têtes d'animaux, que cela étoit prêt à lui fondre dessus, qu'elle les entendoit crier, & qu'on lui disoit, lorsqu'elle étoit revenuë de cet état, qu'elle avoit vomi toute sorte de blasphêmes contre Dieu & contre son Evangile ; & que dans cet état elle ne joüissoit d'aucun de ses sens.

54. *Int.* S'il ne lui est rien arrivé de plus dans cet état d'obsession.

A rep. Qu'elle avoit quelques bons intervales pendant lesquels elle recevoit des abondances de graces.

55. *Int.* Quelles especes de graces elle recevoit.

A rep. Que ces graces consistoient à voir la gloire Celeste, la sainte Vierge, les Saints, & autres prodiges qu'elle ne sauroit conter.

56. *Int.* Si elle n'a rien à nous dire de particulier de cet état d'obsession.

A rep. Que le Demon lui donnoit toute sorte de connoissance du passé, du present, & de l'avenir. Que dans cet état le demon lui disoit que le Pere Girard étoit sorcier, que cela étoit attaché à sa personne, que dans cet état elle communiquoit avec la Demoiselle Guyol, & Laugier, & la Demoiselle Gravier, qui étoient dans le même état

OBSERVATIONS.

1°. Elle dit que cette obsession lui donnoit la connoissance du passé, du present & de l'avenir, ce qui est conforme à l'aveu de l'Accusé, sur le 16°. de ses Interrogatoires.

2° Elle dit qu'il avoit commencé de la visiter, & de s'enfermer dans sa chambre depuis le commencement de son obsession.

qu'elle, que le P. Recteur commença alors de la visiter chez elle, où il alloit de tems en tems, selon qu'elle étoit malade, & que là il se fermoit dans sa chambre, prenoit un siége, la tiroit au bout du lit; lui passoit une main par derriere, & une autre par devant, l'appuyoit sur sa poitrine, & lui demandoit alors de lui dire toutes les connoissances que le demon lui donnoit, & lorsqu'elle lui disoit que le demon lui avoit dit à elle Repondante, qu'il étoit sorcier, que cela étoit attaché à sa conduite, il lui répondit que cela devoit lui faire plaisir; & que si le demon disoit du mal de lui, c'étoit une preuve qu'il le haïssoit; & qu'il étoit un grand Saint, & elle tomboit alors dans des accidens qui lui faisoient perdre toute sorte de connoissance, & que quand elle revenoit, elle se trouvoit dans des postures indecentes; c'est-à-dire, la chemise relevée, & même dans le lit; & qu'alors elle expliquoit ses peines au Pere Recteur

3° Que lorsqu'il étoit enfermé avec elle, il la tiroit au bout du lit, lui passoit une main par derriere, & l'autre par devant, l'appuyoit sur sa poitrine, & qu'au retour de ces extases ou de ces accidens, elle se trouvoit dans des postures indecentes. Toutes ces libertez criminelles & des plus grandes encore sont prouvées par la déposition de l'Allemande mere, par celle de sa fille & par celle de la Batarelle.

4°. Lorsqu'elle lui representoit les peines dans lesquelles une pareille conduite la jettoit; il lui répondoit que cela ne lui en devoit faire aucune, qu'elle devoit le regarder comme Dieu (Voila le Dieu pour lequel il lui inspiroit par ses lettres des sentimens si enflamez, & auquel il lui recommandoit de s'abandonner absolument) qu'elle devoit s'oublier, & qu'un état vertueux bonifioit tout le reste : voilà précisément le sistême des Quietistes.

qui lui répondoit que cela ne lui en devoit point faire, puisqu'elle devoit le regarder comme Dieu qu'elle devoit s'oublier, & qu'un état vertueux bonifioit le reste.

57 *Int.* Si elle alloit alors quelque fois à l'Eglise & au Confessional.

A rep. Que quand elle pouvoit sortir, elle y alloit, & qu'alors le Pere Girard en la confessant l'obligeoit de recevoir son soufle, en disant des paroles qu'elle ne comprenoit pas, & que ladite Laugier, Guyol & Gravier lui disoient qu'elles avoient été exposées à la même avanie.

58. *Int.* De nous dire quand cet état cessa.

A rep. Que ce fut le 8. Janvier avant le Carême de l'année passée.

Ici on fait dire à la Demoiselle Cadiere qu'elle fut delivrée de son obsession le 8. Janvier 1730 cependant le Pere Girard lui avoit fait dire dans le memoire

qu'il l'avoit obligée de faire au sujet de la sœur de Remusat, que celle-ci l'en avoit délivrée le 20. Fevrier, & il le dit de même dans sa reponse au 45e. interrogatoire.

59. *Int.* De nous dire comment elle fut délivrée de cet état d'obsession.

A rep. Que ce fut miraculeusement à la mort de la Sœur de Remusat.

Cette reponse prouve que le Pere Girard pour faire passer la Sœur de Remusat son autre Penitente, pour Sainte avoit si fort persuadé à la Demoiselle Cadiere

que cette premiere l'avoit délivrée miraculeusement de cette obsession, qu'elle le dit encore ici; cependant on verra le contraire par sa reponse à l'interrogatoire subsequent.

60. *Int.* En quel état elle se trouva lorsque cette obsession fut finie.

A rep. Qu'elle tomboit deux ou trois fois par jour dans des accidens, qui commençoient par un chatouïllement de cœur, suivi d'une suspension, & d'une interdiction totale de ses sens, ayant même les membres roides, ce que le Pere Girard lui fit regarder comme des extases d'operation divine.

La qualité des accidens qu'elle avouë ici d'avoir eue après le pretendu miracle de la Sœur Remusat, prouve precisément que l'obsession duroit encore; en effet n'est-il pas prouvé par une foule de temoins irreprochables, qu'elle a duré jusqu'au 17. Novemb. 1730. & qu'elle en a eu plusieurs accidens très-violens au Couvent d'Ollioules, où elle n'avoit été que long-tems après le 20. Fevrier, que l'Accusé lui avoit persuadé que la Sœur

de Remusat l'en avoit delivrée. Il avoit ses raisons & ses vûës, quand il faisoit accroire à la Cadiere que ces accidens d'obsession étoient des effets de l'operation divine.

61. *Int.* De nous dire, si elle a continué de se trouver dans des situations indecentes & immodestes, lorsque le Pere Girard l'alloit voir.

A rep. Que dans le Carême, & au commencement, le Pere Girard la visitoit regulierement, attendu l'état extraordinaire où elle se trouvoit, étant tombée quelque fois sans connoissance & en extase; le Pere Girard étant avec elle, lorsqu'elle revenoit de son extase, elle se sentoit de la douleur aux

Les circonstances où elle se trouvoit au retour de ces extases, n'étoient-elles pas les marques indubitables d'une fille violée, & la preuve sans replique, de la consommation du crime de l'Accusé.

parties, & qu'elle se sentoit moüillée; de quoi s'étant plainte; le Pere lui dit, *je le crois bien mon pauvre enfant!*

62. *Int.* Sur quoi nous lui avons representé qu'une fille de son âge qui avoit été blessée de se voir sa chemise relevée dans son lit, la converture y étant dessus, devoit être bien plus scandalisée de se sentir des chatouïllemens, & de se trouver moüillée, ce qui devoit la porter à abandonner le Pere Girard.

A rep. N'en avoir jamais eu connoissance, & qu'elle ne faisoit pour lors la difference des hommes & des femmes, que par les habits.

63. *Int.* Sur quoi nous lui avons d'abondant representé qu'elle a vû en vision un homme & une femme nuds, & qu'elle devoit bien en connoître la difference.

A rep. Ne le pas sçavoir.

64. *Int.* Si quand elle voyoit une femme enceinte, elle ne lui faisoit pas comprendre par où les enfans se faisoient.

A rep. Qu'elle ne l'a jamais sçû.

65. *Int.* Nous lui avons encore representé que sa simplicité & son innocence sont affectées, & qu'elle est également coupab'e du crime qu'elle prétend avoir commis avec le Pere Girard, qu'elle n'ait fait attention que lorsque son Frere fut marié avec sa Belle Sœur, & qu'ils ont couché ensemble, ce ne fût pour quelque motif.

A rep. Qu'elle croyoit que le simple coucher ensemble faisoit faire des enfans.

66. *Int.* Si elle ne craignoit pas de faire des enfans, quand elle couchoit avec la Demoiselle Laugier, puis qu'elle croyoit qu'il n'y avoit point de difference dans les sexes, & que le simple coucher faisoit faire des enfans.

A rep. Avoir dit la verité.

67. *Int.* Ce qu'elle entendoit pour les objets d'impureté, qu'elle nous a dit que les demons lui montroient.

A rep. Qu'elle les voyoit nuds, sans avoir jamais vû la difference des parties.

68. *Int.* De nous dire si elle mangea pendant le Carême.

A rep. Que le dernier jour du carnaval, elle eut une vision en montant les escaliers, pour s'aller coucher, & entendit une voix qui lui dit : *pendant le Carême je vous conduirai avec moi dans le desert, où vous ne vivrez que du pain des Anges;* & qu'effectivement son estomac ne pouvoit supporter les alimens, qu'elle rejettoit au moment qu'elle les avoit pris, excepté les 15. derniers jours qu'elle passa sans aucune nourriture, excepté d'eau.

69. *Int.* Si elle avoit une perte de sang dans le Carême.

A rep. Qu'elle perdoit du sang dans le Carême, par le fondement, par le nez, par des crachemens, & même par des suëurs dont sa chemise étoit teinte.

Cette reponse prouve de quelle maniere elle perdoit son sang dans le Carême, & que ce n'étoient pas là ses regles, comme l'Accusé l'a avancé si faussement dans son memoire.

70. *Int.* Comment elle pouvoit resister, ayant une si grande perte de sang, surtout en ne prenant point, ou peu de nourriture.

A rep. Qu'elle a toûjours regardé cela comme une chose miraculeuse qui s'operoit en elle.

71. *Int.* De quelle maniere elle passa les 15. derniers jours.

A rep. Qu'elle les passa sans prendre aucune nourriture, excepté d'eau.

72. *Int.* De nous dire de quelle maniere elle passa les jours saints.

A rep. Que le Jeudy saint, sur les trois heures après midi, elle tomba en extase; qu'elle vit réellement la passion de Jesus-Christ, le suivit par tout, participa à toutes ses douleurs, aux pieds, aux mains, au côté & à la tête; descendit aux limbes avec lui, & ne revint de cette extase que le Samedy saint à neuf heures du matin, qu'elle se leva comme à son ordinaire.

73. *Int.* Si elle n'a pas eu de pareils accidens ou extases, le jour de St. Michel 8. May, & le 6. le 7. de Juillet, lors qu'elle étoit au couvent d'Ollioules.

A rep. Et accordé.

74. *Int.* Si elle n'annonça pas les extases qu'elle devoit avoir ces deux jours là.

A rep. Que celui du mois de May lui avoit été prédit par la Batarelle, & que celui du mois de Juillet, elle en avoit eu connoissance dans une de ses extases.

75. *Int.* Comment elle reçût les Stigmates dont elle a été doüée.

A rep. Qu'elle reçût la playe du côté dans le commencement du Carême, & les autres Stigmates des pieds, des mains, & de la tête elle les reçût le Vendredy saint.

76. *Int.* Si pendant le Carême, le Pere Girard avoit coûtume de la visiter.

A rep. Que le Pere Girard la visitoit presque tous les jours, qu'il demandoit à voir la playe du côté, qu'il lui touchoit une côte, qu'elle avoit soulevée, & un os appellé sternon, qui étoit relevé de deux doigts, par l'abondance des graces qu'elle recevoit de Dieu, & que dans cet état, lors que led. Pere Girard lui touchoit le sein, elle tomboit en extase,

Cette reponse fait voir que quand l'Accusé étoit si gourmand de voir le Stigmate du cœur, & de toucher l'os sternon de sa Devote, il ne bornoit pas là sa gourmandise; aussi il faudroit être un ange, pour s'arrêter à un pas si glissant : voila le centre & le terme de sa curiosité.

& quand elle en revenoit, elle se sentoit de la douleur, & se trouvoit moüillée.

77. *Int.* Si pendant le carême elle n'alloit pas quelque fois à l'Eglise des Jesuites.

A rep. Qu'elle y alloit quelque fois à une heure après midi, que led. Pere Girard avant que d'entrer au Confessional, se mettoit à genoux devant

Cette reponse fait voir qu'il la baisoit, lors qu'elle alloit se confesser.

elle qui y étoit, la baisoit au visage, & puis entroit dans le Confessional.

78. *Int.* Si le Pere Girard la vit dans son extase, dans la semaine sainte.

A rep. Que sa Mere lui dit qu'il y avoit été.

79. *Int.* Si elle ne s'étoit point aperçuë ce jour là de douleurs, ni d'avoir été moüillée.

A rep. Que non.

H

80. *Int.* Et lui avons reprefenté que dans un tems qu'elle nous dit qu'elle recevoit une fi grande faveur du Ciel, qu'elle participoit à la paffion de J. C. & que d'un autre côté, elle fut en commerce criminel avec le P. Girard, fans que fes fens y participaffent : on voit bien qu'elle ne fe fert de ces extafes que pour couvrir fon commerce avec le P. Girard.

A rep. Que non, & qu'elle a dit la verité.

81. *Int.* Si elle n'a pas fait un voyage à Aix, à la Ste Baume & à Marfeille.

A rep. Que devant fe faire Religieufe à Ollioules, elle avoit été bien aife, avant que de renoncer au monde, de voir la Ste Baume, Aix & Marfeille.

82. *Int.* De nous dire qu'eft-ce qui l'avoit portée de fe faire Religieufe au Couvent de Ste Claire d'Ollioules.

A rep. Qu'elle vit en vifion Ste Claire & Ste Therefe qui étoient devant le thrône de J. C. & que Ste Therefe la demandoit pour fon Ordre, mais que Ste Claire l'emporta auprès d'elle.

83. *Int.* Si elle executa ce projet.

A rep. Qu'oüi.

84. *Int.* Qui eft-ce qui engagea l'Abbeffe ou la Superieure à la recevoir.

A rep. Que ce fut le P. Girard qui écrivit à l'Abbeffe pour qu'elle voulût la recevoir dans la maifon.

85. *Int.* Si le P. Girard la vifitoit, pendant qu'elle étoit au Couvent à Ollioules.

A rep. Que c'étoit quelque fois tous les 15. jours, & quelque fois tous les 8. jours.

86. *Int.* Si avant que d'entrer, elle n'écrivit pas au P. Alexis Religieux Carme.

A rep. Que non.

87. Lui avons fait reprefenter lad. lettre, dattée de Toulon du 4. Juin 1730. fans adreffe, & fignée Catherine Cadiere, & par nous parraphée.

A rep. Après l'avoir examinée, qu'elle a écrit lad. lettre au P. Alexis Carme, qu'elle a reconnu être du caractere de fon frere le Dominicain, auquel elle l'a dictée, & à l'inftant elle a été paraphée de nouveau par la Cadiere, fous la paraphe ja faite.

88. *Int.* Si quand elle étoit à Ollioules, elle ne recevoit pas frequemment des lettres du Pere Girard, & fi elle n'y repondoit pas.

A rep. Et accordé.

89. *Int.* De la main de qui elle fe fervoit.

A rep. Qu'elle fe fervoit de la main de fon frere l'Ecclefiaftique.

Sur quoi lui avons fait reprefenter une lettre dattée d'Ollioules le 24. Juillet 1730. fignée Marie-Catherine Cadiere, & addreffée audit P. Girard, & après l'avoir examinée, a repondu qu'elle reconnoit ladite lettre, pour l'avoir faite écrire à Ollioules par fon frere l'Ecclefiaftique, & par lui fignée au nom d'elle repondante, & à l'inftant ladite lettre a été de nouveau paraphée, tant par nous que par lad. Cadiere, fous la paraphe ja faite.

90. *Int.* De nous dire fi elle a dicté cette lettre à fon frere.

A rep. Qu'oüi.

Sur quoi lui avons reprefenté que fi cette lettre eft la continuation d'un commerce criminel, fon frere eft complice comme elle.

A rep. Que fon frere n'avoit point occafion d'avoir des mauvaifes penfées fur fon compte, & que la lettre que nous lui avons fait reprefenter eft la reponfe de celle qui lui avoit été écrite par le P. Girard le 22. du même mois, & toutes les deux, c'eft-à-dire celle du P. Girard & réponfe d'elle répondante, font dans le même efprit, c'eft-à-dire dans l'efprit de Dieu.

On fait dire ici à la Cadiere que la lettre du P. Girard du 22. Juillet & la réponfe qu'elle lui avoit faite avoient été dictées par l'efprit de Dieu ; on n'a qu'à lire ces deux lettres, & on verra combien la reponfe qu'on lui fait faire ici, eft éloignée de la verité, puis que l'Accufé a été bien en peine de rien avancer qui puiffe juftifier cette lettre fi fcandaleufe : paffons maintenant aux reflexions de la feconde partie de fes reponfes, qui n'eft qu'un tas de menfonges ridicules.

92. *Int.* Par qui elle envoyoit fes lettres au P. Girard.

A rep. Que c'étoit par fon frere l'Ecclefiaftique.

93. *Int.* Si après avoir reçû les lettres du P. Girard, elle ne les envoya pas à fon frere pour y répondre.

A rep. Que non.

94. *Int.* Si ce n'étoit pas fon frere le Dominicain qui minutoit fes lettres.

A rep. Que non.

95. *Int.* Et lui ayant fait reprefenter la minute de la même lettre écrite d'Ollioules le 24. Juillet 1730. contenant deux pages toutes écrites, & düement par nous paraphée.

A rep. Après avoir examiné ladite minute de lettre, qu'elle a été écrite de la main de fon frere le Jacobin, & à l'inftant elle a été encore paraphée par nous, & la répondante.

96. *Int.* Si elle écrivit d'Aix au P. Girard, lors qu'elle y alla.

A rep. Qu'oüi.

97. *Int.* Qui avoir écrit cette lettre.

A rep. Que c'étoit fon frere l'Ecclefiaftique, & qu'elle l'avoit portée de Toulon.

9°. *Int.* Si son frere le Dominicain avoit fait la minute.

A rep. Que son frere le Dominicain en avoit fait la minute, mais qu'elle la lui avoit dictée, aussi bien que celle cy-dessus mentionnée.

9v. Sur quoi lui avons representé qu'il n'est pas possible qu'avant son départ, elle eût pû prevoir ce qui devoit arriver pendant son voyage.

A rep. Qu'elle l'avoit écrite par inspiration.

100. *Int.* Nous avons encore fait representer une lettre écrite d'Aix le 19. May 1730. Signée Marie-Catherine Cadiere, sans adresse, & par nous paraphee, & après l'avoir examinée.

A rep. Que ladite lettre est la même qu'elle porta de cette Ville à Aix, & qu'elle l'envoya d'Aix par la poste audit P. Girard, & à l'instant ladite lettre a été de nouveau paraphee, avec ladite Cadiere.

101. *Int.* Si elle ne s'enferma pas pour faire encroire à ses camarades qu'elle alloit écrire au P. Girard, & même qu'elle le leur dit après avoir resté enfermée pendant quelque tems.

A rep. Qu'oüi.

102. *Int.* Qu'elle a donc menti à ses camarades.

A rep. Que non.

103. *Int.* Si le P. Girard étoit instruit que ses lettres n'étoient pas de ses mains.

A rep. Qu'elle n'a jamais dit au P. Girard que ce fussent ses freres qui écrivissent ses lettres.

104. Sur quoi nous lui avons representé qu'il y a aparence que le P. Girard croyoit que ses lettres fussent de son caractere, sans quoi il n'auroit pas exposé les siennes à être vües.

A rep. A ce qu'elle a dit ci-dessus.

Attendu l'heure tarde, &c.

SECONDES REPONSES DE LA DEMOISELLE CADIERE DU MATIN
27. dudit mois de Fevrier 1731.

105. *Int.* Si elle a lû les Livres de Sainte Therese & de Ste Catherine de Genes.

A rep. Avoir lû la vie de Sainte Catherine de Genes, qu'elle avoit acheté, & d'avoir lû le Château de l'Ame de Sainte Therese, & ses œuvres.

106. *Int.* Si elle n'étoit pas touchée du desir d'égaler cette Sainte.

A rep. Et accordé.

107. *Int.* Si quand elle racontoit les merveilles qui lui arrivoient au P. Girard, il ne lui disoit pas de n'en pas parler.

A rep. Et accordé.

108. *Int.* Si elle n'étoit pas contente de la direction du P. Girard?

A rep. Et accordé. *On fait dire ici à la Querellante, qu'elle est contente de la direction du P. Girard qui a été son seducteur, qui l'a deshonnorée; n'a-t-elle raison d'en être contente?*

109. *Int.* Si jusqu'à la fin de sa direction il ne l'a pas conduite par les voyes de la plus haute perfection?

A rep. Qu'oüi. *Où est ce qu'on a puisé ce bel Interrogatoire? est-ce dans la procedure, dans les lettres, & les aveux de l'Accusé, qu'on a trouvé que jusqu'à la fin de sa direction il l'a conduite par les voyes de la plus haute perfection? & cet oüi leur est-il bien conforme?*

110. *Int.* Si elle ne lui avoit jamais reconnu aucun amour charnel, & autre vüe que celle de la mener à Dieu.

A rep. Ne lui avoir jamais connu d'autre vüe que celle du désir de son salut. *Les embrassemens, les baisers de ce Directeur, ces visites à porte fermée, toutes les libertez criminelles qu'il avoit prises sur sa Penitente, tout cela ne partoit-il que du desir du salut de celle-ci? que les Peres de l'Eglise sont stupides lorsqu'ils croyent qu'il est si difficile de faire son salut, & qu'il faut pour cela livrer des combats continuels à ses sens & à ses apetits.*

111. *Int.* Si elle ne fut pas bien fâchée quand le P. Girard cessa de la confesser?

A rep. Et accordé. *On fait dire ici à la Cadiere, qu'elle fut bien fâchée quand le P. Girard cessa de la Confesser; cependant il est prouvé par la lettre de celui-ci du 15. Septembre, que ce n'est pas lui qui la quitta, ni elle qui fut fâchée de ce qu'il la quittoit, mais bien que c'est elle qui le quitta, & que c'est le P. Girard qui en fut bien fâché; on peut juger par de pareils traits si la verité a quelque part à ces reponses.*

112. *Int.* De nous dire quand est-ce qu'elle a commencé d'avoir des soupçons sur la conduite du P. Girard.

A rep. Que c'est depuis qu'elle a commencé de se confesser au P. Nicolas Prieur des Carmes.

113 *Inst.* Qui est-ce qui lui a donné le P. Carme pour Confesseur?

A rep. Que c'est M. l'Eveque.

114. *Int.* Si son frere le Dominicain ne lui avoit pas dit quelque tems auparavant & avant qu'elle sortît d'Ollioules, de le prendre pour Directeur?

A rep. Et accordé, parce que son frere le croyoit honnête homme.

115. *Int.* Si ce n'est pas par l'inspiration & le conseil du Carme qu'elle a intenté cette affaire?

A rep. Et accordé.

Nous peserons cette réponse avec celle qu'elle a faite au 124. Interrogatoire, puisque ces deux Interrogatoires sont si connexes, & qu'ils n'en doivent même faire qu'un.

116. *Int.* De nous dire quels sont les aveux, les confidences, & les détails qu'elle a faites au P. Carme la premiere fois qu'elle lui ouvrit son cœur, & dit tout ce qui s'étoit passé avec le P. Girard?

A rep. Qu'elle raconta au P. Carme les faveurs qu'elle avoit reçûës de Dieu, qu'elle avoit reçû les Stigmates qui s'étoient fermez 8. jours avant qu'elle sortît du Couvent d'Ollioules, n'ayant pourtant pas regardé ces Stigmates comme une chose divine; mais qu'elle avoit dit au P. Girard que c'étoit une faveur du Ciel; que le P. Girard le croyant bonnement & saintement, il étoit venu chez elle, les avoit voulu voir, & se mettant à genoux, & s'ôtant sa calotte, il les avoit baisé aux pieds & au côté avec veneration.

Rien n'est plus devot, ni plus édifiant, que de voir l'Accusé baiser à genoux, & sans calotte, les playes des pieds. & encore plus celle du côté avec veneration, les croyant bonnement & saintement des Stigmates.

117. *Int.* si en baisant celle du côté, il n'y avoit pas touché la gorge?

A rep. Que non, & qu'elle prenoit les précautions que la modestie exigeoit d'elle.

On fait dire ici à la Cadiere que l'Accusé en baisant son Stigmate du Cœur n'avoit point touché sa gorge, & qu'elle avoit pris pour cela toute la précaution que la modestie exigeoit d'elle; mais outre que cette reponse est contraire à celle qu'elle a faite au 76. Int. où elle avouë que le baiser de ce Stigmate étoit allé jusqu'aux dernieres faveurs; d'ailleurs nous demandons s'il étoit possible de baiser ce Stigmate si proche du sein, sans le toucher.

118. *Int.* De nous dire si elle ne racontoit pas d'autres faits au P. Carme?

A rep. Qu'elle lui raconta comme une fois en punition de ce qu'elle n'avoit pas voulu s'abandonner à une extase, le P. Girard entra dans sa chambre, ferma la porte, & le P. Girard lui dit, que puisqu'elle n'avoit pas voulu être revêtuë des dons du Ciel, il falloit qu'elle fût dépouillée, & alors il lui fit quitter son manteau & ses jupes, & d'abord il la fit réhabiller sur le champ, sans la toucher.

Un Directeur fait-il deshabiller une jeune fille, qu'il aime, sans la toucher? est ce pour cela qu'il l'a fait mettre à nud, après s'être enfermé seul avec elle? est-ce pour en demeurer là qu'il viole toutes les regles de la pudeur? & est-ce là ce qu'on fait appeller à la Cadiere des manieres innocentes, modestes & saintes? est-ce là la voye de la plus haute perfection dans laquelle il conduisoit ses Pénitentes, comme on lui demande au 110. interrogatoire.

119. *Int.* Si elle ne dit pas au Carme que le P. Recteur l'embrassoit?

A rep. Qu'elle dit au Carme que le P. Girard l'embrassoit chrêtiennement, saintement, & avec la simple affection que les Directeurs ont pour leurs Pénitentes, & que le P. Girard l'alloit voir.

Ici on métamorphose les embrassemens impudiques de l'Accusé, en des embrassemens saints & chrêtiens, dont on veut même faire une obligation à tous les Directeurs.

120. *Int.* De nous dire qu'est-ce que lui répondit le P. Carme là dessus?

A rep. Que le P. Carme lui dépeignit avec horreur ce qui s'étoit passé de simple & de saint entr'elle, & le P. Recteur, & lui dit que celles qui s'abandonnent au Corps-de garde ne font pas pire; alors il lui fit plusieurs questions, lui demanda si elle n'avoit pas senti du plaisir, si elle ne s'étoit pas trouvée mouïllée, & si elle n'avoit pas senti de la douleur; à quoi elle répondit qu'elle n'entendoit rien à ce qu'on lui disoit, & que du plaisir & de la douleur elle n'en avoit point ressenti, qu'elle s'étoit trouvée mouïllée, mais que cela lui arrivoit quelque fois par un écoulement d'urine; qu'alors le Carme lui dit qu'elle s'étoit trompée, que le Pere Girard lui avoit fasciné l'esprit, & qu'elle ne s'étoit pas aperçûë de ce qu'il lui avoit fait, que le mouillé étoit une suite naturelle de l'action que le Pere avoit commise en elle, & que si elle n'avoit senti ni plaisir, ni douleur, c'est parce qu'il lui avoit fasciné l'esprit; ce qu'elle lui soutint toûjours être faux, n'avoir jamais senti ni plaisir, ni douleur, lui ayant toûjours soûtenu qu'elle n'avoit rien vû d'immodeste au P. Girard, ni de contraire à la pudeur; qu'à force de lui dire, le P. Nicolas le lui persuada, se prévalant de sa foiblesse, que M. l'Evêque l'étant venuë voir à sa bastide le P. Carme lui

Ce Dialogue entre la Demoiselle Cadiere, & son nouveau Directeur est à la verité quelque chose de singulier; nous laissons au Deffenseur de celui-ci le soin d'en montrer le ridicule par une analise exacte; nous nous contentons de faire ici une seule observation.

On fait dire à la Cadiere qu'elle avoit déclaré au Carme dans sa Confession, qu'elle n'avoit rien vû d'immodeste au P. Girard, ni de contraire à la pudeur, & que c'étoit le Prieur des Carmes, qui à force de lui dépeindre avec horreur ce qui s'étoit passé de simple & de saint entr'elle, & le P. Girard, lui avoit persuadé qu'il y avoit là quelque chose de criminel: quoi! les embrassemens & les baisers impudiques prouvez par la procedure, ces visites à porte fermée si reïterées, ces examens des stigmates de sa devote; ces attouchemens de ces côtes, & de l'os sternon qui est devant la poitrine, ces Breuvages par lui donnez, ce pot plein de sang, tous ces faits prouvez par les aveux du P. Girard, ces baisers à l'Eglise avant que d'entrer au Confessional, le fait de l'avoir faite deshabiller, & mettre à nud lorsqu'il étoit enfermé avec elle; que la Cadiere venoit encore de soûtenir dans les réponses mêmes qui renferment sa variation, sans parler ici de toutes les autres infamies dont la procedure renferme la preuve; tout cela étoit-il simple & saint? n'y avoit-il rien là qui blessât les re-
gles

fir raconter devant l'Evêque le baiser des Stigma-tes, les embrassemens, & le dépouillement & qu'a-lors le Carme lui fit encore raconter les expressions du P Girard, qui tendoient à dire, il faut vous livrer. il faut vous abandonner, & qu'alors le Carme dit; voilà le Quiétisme, mot que la Repon-dante n'avoit jamais entendu dire.

gles de la modestie & de la pudeur? & le Prieur des Car-mes a-t-il eu tort de dire a sa Pénitente que cette con-duite étoit criminelle? on voit bien que tout son crime ne consiste qu'a n'avoir pas canonisé les abominations & les iniquitez de ce Jésuite, & a ne l'avoir pas imité; s'il l'avoit fait, il auroit merité tous les éloges jésui-tiques.

121. *Int.* Si elle sçait à présent ce que c'est que le Quiétisme?

A rep. Que c'est une impuissance de prier, un abandon à Dieu, & moyennant cette précaution la liberté entiere de toutes ses actions.

La définition que la D. Cadiere fait ici du Quiétis-me montre assez combien l'Accusé l'avoit instruite de ses pernicieuses maximes, & si le nom de Quiétisme lui étoit inconnu, comme on lui fait dire sur la fin de sa ré-ponse au précédent Interrogatoire.

122. *Int.* Si le P. Girard l'avoit conduite par cette voye?

A rep. Que non, que dans ses Confessions il lui donnoit des prieres vocales en pénitence, qu'il sçavoit qu'elle alloit chanter Vêpres à la Chapelle, jeûnoit, & faisoit mille autres pratiques de vertu.

La Cadiere dit ici que le P. Girard ne l'avoit pas conduite par cette voye, que toutes les pénitences qu'il lui donnoit consistoient en prieres vocales, & qu'elle alloit chanter Vêpres à la Chapelle du Tiers-Ordre, & pratiquoit mille autres vertus: mais 1°. N'est-ce

pas là une fausseté évidente détruite par la procedure, & par les dépositions qui sont raportées dans nôtre pre-mier mémoire au chap. du Quiétisme, ou l'on voit que la Cadiere & plusieurs autres Pénitentes de l'Accusé ne fai-soient non seulement aucune priere vocale mais encore qu'elles étoient dans une impuissance de prier.

2°. Qui avoit si bien instruit la Querellante des maximes du Quiétisme, dont elle fait ici une si juste & si délicate définition, & dont elle parle si sçavamment dans la procedure, comme il paroit par les dépositions ra-portées en l'endroit cité.

3°. On n'a qu'a lire la lettre de l'Accusé, du 22. Juillet, même ses autres lettres quoique refaites, & celles de la Cadiere, pour être convaincu qu'il l'avoit conduite par cette voye, & que la réponse qu'elle fait ici est évi-demment fausse.

123. *Inr.* Qui lui a conseillé de faire cette plainte contre le Pere Girard?

A rep. Que c'est le P. Prieur des Carmes, & qu'il la lui a faite soutenir.

Rien ne prouve mieux l'envie qu'avoient les Jésuites d'incriminer le Prieur des Carmes, & de le subroger à la place de leur confrere coupable, que de voir tant

d'interrogatoires qui sont faits à cette fille pour lui faire dire que c'étoit le Prieur des Carmes qui étoit l'auteur de cette accusation. Dans l'interrogatoire 115. on lui demande si ce n'est pas par l'inspiration, & le conseil du Carme, qu'elle a intenté cette affaire, & on lui fait repondre qu'oui, dans le present interrogatoire, qui est le 123. on lui demande encore qui lui a conseillé de faire cette plainte contre le Pere Girard, & on lui fait dire que c'est le Prieur des Carmes, & qu'il la lui a faite soutenir: dans l'interrogatoire 144. on lui a demandé ncore qui lui a dit de faire son exposition, comme si on ne lui avoit pas déia fait dire deux fois que c'étoit le Prieur des Carmes, & la troisieme réponse est que le Prieur des Carmes lui dit de la faire conforme à tout ce qu'il lui avoit persuadé qu'elle con-oit alors vray, ce qu'elle executa, & qu'il lui avoit dit d'y comprendre l'avortement & tous les autres chefs de plainte qu'elle a intenté. Les reflexions se presentent en foule sur ces trois interrogatoires: nous nous con-tenterons d'en marquer ici une seule, qui est que comment veut-on persuader que l'accusation de la Dlle. Ca-diere contre le P. Girard soit fausse, & que le Prieur des Carmes lui ait faussement persuadé tous les faits qu'elle renferme, & conseillé d'en faire sa plainte, tandis que d'une part, tous les faits contenus dans l'exposition de la Dlle Cadiere sont prouvez par une foule de temoins irreprochables, par les lettres & par les propres aveux de l'Accusé; qu'elle en avoit fait confidence a plusieurs de ses amies, avant que le Prieur des Car-mes fût arrivé à Toulon; & que de l'autre elle n'a pas porté volontairemont, & de gayeté de cœur sa plain-te à la Justice; mais elle y a été forcée par l'accedit que l'Official fit chez elle: or nous demandons si cet accedit a été fait à la persuasion du Prieur des Carmes, ou a celle des Jésuites qui l'ont fait confirmer.

124. *Int.* Qui lui a inspiré l'accusation en avortement procuré?

A rep. Qu'ayant eu une perte de sang réellement, & l'ayant raconté au Pere Carme, il lui dit qu'il falloit qu'elle se fût blessée; & ayant dit au Pere Nicolas, Car-me, que le P. Girard lui portoit quelques fois à boire de l'eau dans une écuelle, le dit Carme lui avoit dit qu'il falloit que le Pere Girard y eût mis dedans quelque drogue pour procurer un avortement.

On fait dire ici à la Demoiselle Cadiere que le Car-me lui avoit inspiré le chef d'accusation concernant l'avortement, & qu'il en avoit pris occasion de l'aveu qu'elle lui avoit fait de la perte de sang qu'elle avoit eue, & de ce que le Pere Girard lui avoit donné quel-quefois à boire de l'eau dans une écuelle. 1°. C'est une supposition que le Prieur des Carmes eût persuadé à la Querellante d'accuser le Pere Girard

d'avortement, & ce qui en est une belle preuve, & encore de la simplicité de cette Fille, c'est que l'Official dans ses reponses, mit qu'elle avoit fait une masse de sang, & que le Lieutenant plus experimenté, croyant que ce ne pouvoit être qu'une masse de chair, voulut le mettre ainsi dans son Exposition.

2°. Qu'on lise nôtre dernier Memoire, au chapitre de l'avortement, & l'on verra si ce chef de plainte n'est pas bien prouvé. En effet le breuvage que le Pere Girard lui avoit donné pendant huit jours dans une écuel-

le, *la grande perte de sang & la masse qu'elle fit en consequence de ce breuvage, l'examen qu'il convient d'avoir fait d'un plein pot de sang, l'aveu qu'il fait d'avoir dissuadé la mere de faire visiter sa fille par des Medecins, n'en sont-ce pas des preuves bien indubitables pour quiconque veut avoir des yeux ?*

125. *Int.* Si elle trouvoit un mauvais gout à cette eau.

A rep. Que non, & que si elle étoit quelque fois teinte de sang, c'étoit parce que saignant du nez, il en tomboit quelques goutes.

On fait dire ici à la Cadiere que l'eau que le Pere Girard lui donnoit n'avoit point de mauvais goût; & comme la couleur rougeâtre qui lui restoit faisoit encore peine, & sentoit fort le breuvage, on lui fait ajoûter, *que c'étoit parce que saignant du nez, il y en tomboit quelques goutes. Quoi pendant huit jours que le Pere Girard avoit donné une ecuelle d'eau à sa devote, celle-ci avoit toujours saigné du nez, & à point nommé ? toutes les fois qu'il lui presentoit l'écuelle d'eau pour boire, il y avoit une goute de sang au bout de son nez prête à y tomber dedans ? Tout ceci a de l'air du prodige, & il nous semble ici de remonter au tems que l'accusé lui faisoit faire journellement des miracles; mais au moins ne peut-on pas conclure de là, qu'il est donc vrai que la boisson qu'il donnoit à sa Devote dans une écuelle étoit rougeâtre, & que ce n'étoit pas de l'eau naturelle, mais un vrai breuvage pour la faire avorter.*

126. *Int.* D'où vient qu'elle a parlé tant differemment dans son Exposition ?

A rep. Que le Pere prieur des Carmes s'étoit si fort prevalu de ses foiblesses, qu'il le lui avoit persuadé, & l'avoit obligée de le soûtenir, comme une verité.

1°. *Où a-t'on trouvé qu'elle ait parlé tant differemment dans son Exposition ? on n'a qu'à la lire, pour se convaincre facilement du contraire.*

2. *Les observaiions faites sur les precedentes reponses, montrent la fausseté de l'imputation qu'on veut* encore faire ici au Prieur des Carmes.

127. *Int.* Si son frere le Dominicain ne la porta pas à faire cette exposition en Justice, & à former cette plainte contre le P. Girard ?

A rep. Que le P. Carme raconta à son frere comme le P. Girard ayant pris certaines libertez avec elle Répondante, il n'étoit pas possible qu'il n'en eût abusé; qu'il l'avoit outre cela jettée dans des sentimens de Quietisme, ce qui irrita son frere extremement contre le Pere Girard, comme ue demon. Dit de plus que sa mere & elle ont regardé comme un très-grand malheur dans leur famille que la connoissance qu'elles ont eûë de ce P. Carme, & qu'elle, & toute sa famille, n'auroient jamais commencé cette affaire si le P. Carme ne les y avoit engagées : Ajoûtant que les libertez que le P. Carme raconta à sondit frere le Dominicain sont les mêmes que celles qu'elle avoit racontées à Mr l'Evêque; sçavoir, le baiser des Stigmates, & autres.

1°. *Cet interrogatoire prouve qu'on vouloit encore incriminer le P. Cadiere. Il faut qu'on estime bien un Jesuite coupable, puis qu'on craignoit qu'il ne fût pas suffisamment remplacé par le Prieur des Carmes, & qu'on y vouloit encore joindre le Dominicain.*

2°. *Les observations ci-devant faites, détruisent cette reponse.*

3°. *On convient ici que la Demoiselle Cadiere avoit raconté à M. l'Evêque les mêmes libertez criminelles dont elle avoit fait le détail au Pere Carme ; n'est-il pas bien étonnant, & même bien odieux que ce Prelat instruit par lui-même, & de la bouche de cette fille, de tous les crimes de l'Accusé, ait prêté à celui-ci toute sa protection, pour lui procurer son impunité, & pour opprimer l'innocence.*

128. *Int.* Qui l'a portée à se faire exorciser.

A rep. Que c'est le Prieur des Carmes qui l'avoit persuadée qu'elle en avoit besoin; qu'il avoit conduit la ceremonie, & qu'il l'avoit publiée par tout, ainsi qu'elle l'a apris; & qu'il disoit de plus qu'elle avoit été trompée par le P. Girard, & que toutes les visions qu'elle avoit eûes, bien loin d'être saintes, étoient demoniaques.

Ce n'étoit pas le Prieur des Carmes qui eût faussement persuadé à cette fille qu'elle étoit obsedée, puisqu'outre que l'obsession est si bien prouvée par la procedure & par les aveux du P. Girard; d'ailleurs Mr l'Evêque n'en avoit-il pas jugé lui-même ? ne lui avoit-il pas fait le premier exorcisme, & ordonné au Prieur des Carmes de les continuer.

129. *Int.* Si quand elle étoit à sa bastide au quartier de Saint Antoine, elle ne joüa pas aux boules quelques fois avec le P. Carme.

A re. Qu'elle joüa deux fois aux boules avec le P. Carme, comme avec ses freres.

130. *Int.* Combien de fois elle fut exorcisée.

A rep. Trois fois.

131. *Int.* Si à la bastide de Pauquet le P. Nicolas Carme ne passa pas une nuit avec elle.

A rep. Que le P. Carme passa une nuit dans sa chambre tous les deux levez, laquelle chambre communiquoit avec celle de son cousin Pauque, & que c'est cette nuit que le P. Carme lui fit raconter tout ce qu'elle nous a dit ci-dessus.

132. *Inter.* De nous dire qui l'engagea de venir à Toulon.

A rep. Que ce fut le P. Nicolas Carme.

133. *Int.* De nous dire qui lui avoit apris que sous une permission on pouvoit reveler la Confession?

A rep. Que Mr. l'Evêque ayant donné commiſſion & pouvoir au P. Nicolas Carme de retirer toutes les au res filles, qui pouvoient ſe trouver dans le même état qu'elle Repondante, le P. Carme lui dit que pour cela il falloit qu'il reveât une partie de la confeſſion d'elle repondante; l'Evêque dit alors qu'il pouvoit uſer de ſon pouvoir de lui Evêque, de la permiſſion qu'il lui donnoit tout preſentement & verbalement, & en ſa preſence elle repondante, de reveler ſa confeſſion.

134. *Int.* Si elle n'a pas donné une permiſſion par écrit au P. Carme de reveler ſa confeſſion?

A rep. Lui avoir donné deux de ces permiſſions par écrit, dont une étoit dattée de Toulon, ne ſe reſſouvenant pas préciſement du tems, & l'autre ne s'en reſſouvenant pas.

135. *Int.* Si le P. Carme lui avoit demandé cette permiſſion?

A rep. Que le P. Carme lui en demanda une, qu'elle lui fit ici.

136 *Int.* Si elle n'envoya pas prendre la Demoiſelle Batarelle chez elle; par ordre du Carme, pour qu'elle fût exorciſée.

A rep. Que le Carme lui avoit dit de faire venir la Demoiſelle Batarelle & & que le pere s'étant trouvé chez elle, ils entrerent la Demoiſelle Baratelle & lui dans la ſale & là le Carme l'exorciſa; & puis il dit à elle Repondante, d'empêcher de ſortir la Demoiſelle Batarelle de quelques jours, pour qu'elle ne vît pas le P. Girard, & qu'elle ſe ſouvient que ladite Batarelle reſta chez elle 2. ou 3. jours.

137. *Int.* Si elle ne dit pas à la Demoiſelle Allemand de s'aller faire exorciſer par le Carme.

A rep. Que le P. Carme lui avoit dit de lui envoyer la Demoiſelle Allemand, ce qu'ayant fait le P. Carme ou dans l'Egliſe ou dans la Chapelle; ayant encore apris qu'il l'avoit exorciſée une autre fois chez elle.

138. *Int.* Si elle a ſçu pourquoi Mr. l'Evêque avoit revoqué le pouvoir au P. Carme.

A rep. Que Mr l'Evêque ayant enſuite parlé avec les Jeſuites, on l'avoit fait revenir de toutes ces idées, & qu'il avoit interdit le Carme.

139. *Int.* Si ſon procès a commencé long-tems aprés cet interdit.

A rep. Qu'elle croit environ trois ſemaines.

140 *Int.* Si après l'interdit le Carme frequentoit dans ſa maiſon.

A rep. Qu'il y venoit moins ſouvent depuis ſon interdit.

141. *Int.* Ce qu'il lui diſoit ſur cette affaire.

A rep. Qu'il lui diſoit qu'il la falloit ſoutenir.

142. *Int.* Si Mr. l'Evêque ne vouloit pas obliger elle Repondante à ſe retraéter de tout qui s'étoit dit.

A rep. Que Mr l'Evêque envoya prendre le Prieur des Carmes pour lui dire de ſe retraéter, ou faire retraéter elle Repondante; & que le Prieur des Carmes vint & lui dit de ne ſe point retraéter & de dire la verité; attendu que le Carme l'avoit perſuadée que tout ce qu'elle avoit dit & fair étoit la verité; & qu'en conſequence de ça l'Official ayant accedé chez elle fit le même jour ſon expoſition pardevant le Lieutenant.

143. *Int.* Qui lui dit de faire ſon expoſition?

A rep. Que le Prieur des Carmes lui dit de la faire conforme à tout ce qu'il lui avoit perſuadé, qu'elle croyoit alors vrai; ce qu'elle executa, & qu'il lui avoit dit de comprendre l'avortement & tous les autres chefs de plainte qu'elle a intentez.

144. *Int.* Si dans le cours de la procedure le Carme ne lui fit pas dire que ſi elle lui preſentoit un comparant il depoſeroit.

A rep. Que le Carme lui avoit fait dire que ſi on lui preſentoit un comparant, il depoſeroit en Juſtice, & que pour cela il lui demanda une nouvelle permiſſion; ce qu'elle fit enſuite, & ledit Carme depoſa.

145. *Int.* Si elle ne ſçait pas que dans la Confeſſion on ne doit point nommer le tiers, encore moins donner des permiſſions de publier ce qui le regarde.

A rep. Que M. l'Evêque lui ayant fait donner une pareille permiſſion verbale, & le P. Nicolas la lui ayant demandée par écrit, elle s'en étoit rapportée à eux, & n'avoit pas cru faire mal.

146. *Int.* Si M. l'Evêque ne lui a pas envoyé depuis qu'elle eſt dans cette maiſon Mre Berge & un Recollet, pour la porter à retraéter ſon expoſition.

A rep. Et accordé, & que toûjours perſuadée de la verité de ce qu'on lui avoit mis dans l'eſprit, elle avoit repondu ne vouloir point retraéter.

Cette reponſe prouve que M. l'Evêque, après avoir fait faire chez la Cadiere cet accedit ſi diffamant, & l'avoir contrainte par la religion du ſerment à ſe deshonnorer, & à manifeſter ce miſtere de honte, lorſqu'il vit enſuite l'Accuſé convaincu de tous ſes crimes, avoit employé toute ſorte de moyens pour forcer la Querellante à ſe retraéter: quoi de plus odieux?

147. *Int.* Si elle ne communiqua point cette propoſition à ſa mere & à ſes freres.

A rep. Qu'elle la communiqua à ſa mere, mais que ç̧e ne fut qu'après qu'elle y eut repondu, & que pour ſes freres, elle ne les a point vû depuis qu'elle eſt dans cette maiſon.

148. Si ſes freres ne l'ont pas engagée à faire & à ſoûtenir cette plainte.

A rep. Qu'au contraire, ils ne vouloient point que cette affaire commençât; mais que le Prieur des Carmes qui confeſſoit alors ſa mere, lui diſoit *Comment veut-on que le Carme confeſſat alors la mere, puis qu'il étoit interdit depuis pluſieurs jours avant le procès.*

toûjours qu'il ne faloit pas defifter, & qu'il faloit foûtenir la verité, qui étoit que leur fille avoit été abufée & trompée par le P. Girard, & qu'elle avoit eu befoin d'exorcifme tout comme la Demoifelle Batarelle & la Demoifelle Allemand ce qu'il leur avoit perfuadé à tous.

149. *Int.* Ce qu'elle penfoit fur les vifions, extafes, revelations, obfeffions, voix interieures & autres chofes qu'elle a crû voir.

A rep. Après y avoir murement penfé, que fes jeûnes longs & frequens, fes abftinences, la lecture de plufieurs livres qui lui faifoient plaifir, & de tant de faints, dont elle vouloit imiter les vertus, lui ont fans doute fait voir des chofes qu'elle n'a pas réellement vû, & qu'elle imaginoit de voir, & que s'entretenant avec la Demoifelle Laugier & autres de fes amies, la foibleffe de fon efprit la perfuadoit toûjours davantage que ces chofes là étoient réellement vrayes.

Ici on fait dire à la Cadiere que les vifions & les revelations contenuës dans fon Carême ne procedoient que de fes jeûnes longs & frequens, de fes abftinences, & que c'étoit la foibleffe de fon efprit qui lui avoit fait croire que ces chofes étoient veritables, quoiqu'elles ne le fuffent pas. Mais 1°. la Guiol, la Laugier, la Gravier, la Reboul, la Berluc & autres pénitentes du P. Girard, qui ne fe deffechoient pas par des jeûnes & des abftinences, n'avoient-elles pas des vifions & revelations comme la Cadiere, ainfi qu'il eft prouvé par la procedure.

2°. N'avons-nous pas fait voir que ces vifions font femblables à celles de Marie Alacoque, à celles de Marie d'Agreda à celles de la fœur de Ramufat à qui l'Accufé avoit fait faire un pareil memoire ; & qu'elles font un effet du Quietifme fuivant Molinos en fon livre intitulé. La Guide fpirituelle, les Dialogues fur le Quietifme faits par la Bruiere, & les autres Auteurs qui ont écrit fur cette matiere ? & la Dame Guyon, cette fameufe Quietifte, n'avoit-elle pas de femblables vifions ?

3°. L'accufé n'a-t-il pas convenu dans fes premieres réponfes de la verité de toutes ces vifions & revelations, & que la Cadiere lui en avoit rendu compte à mefure qu'elle les avoit euës.

150. *Int.* Ce qu'elle penfoit fur la verité de ces Stigmates ?

A rep. Qu'elle a eu réellement, & très-fouvent une playe au côté, qui s'ouvroit & fe fermoit naturellement ; qu'elle en a eu une aux pieds, & que défirant ardemment de recevoir ces Faveurs de J. C. elle fe le perfuadoit ; d'autant mieux, qu'ayant ouvert là-deffus fon cœur au P. Girard, & lui ayant même conté que les abftinences du Carême lui avoient procuré cette grace de J. C. le P. Girard par fa credulité lui peut avoir entierement perfuadé ; mais que peut-être fes playes ne venoient que de fon fang extremement échauffé par fes abftinences, cela joint à quelques petites maladies naturelles qui donnoient lieu à fon mal.

On veut ici attribuer les Stimagtes de la Cadiere à un fang extrémement échauffé par les abftinences, ou à des maladies naturelles : on nous feroit plaifir de nous expliquer comment un fang extrémement échauffé par les abftinences, peut ouvrir des Stimagtes, & former des playes précifement fur le dos des pieds & des mains, & au côté, & quelles font les maladies naturelles qui peuvent produire un pareil effet ? & en attendant qu'on fatisfaffe nôtre curiofité là-deffus, nous nous contenterons d'obferver que la réalité de ces Stigmates eft prouvée non-feulement par la procedure, mais encore par les réponfes de l'Accufé aux 61. 62. 67. 74. 75. 76. 77. & 78. Interrogatoires de l'Accufé.

151. *Int.* De nous dire s'il eft véritable que le P. Girard l'ait baifée au parloir, & à l'Eglife des Clairines d'Ollioules.

A rep. Que quelquefois après que le P. Girard avoit dit la meffe, il s'approchoit de la grille, & lui difoit en l'embraffant, & lui prefentant le côté de l'oreille, adieu mon enfant.

Ici les baifers impudiques donnez dans l'Eglife, font metamorphofez en embraffemens du côté de l'oreille pour dire à la Cadiere adieu mon enfant. Il eft dommage que les témoins de la procedure n'ayent pas tenu le même langage.

152. *Int.* Pour quel motif, puis qu'elle connoit la vertu, le merite & la probité du P. Girard elle l'a chargé de tant de libertez, indecences & impuretez, comme difciplines, baifers & autres.

A rep. Qu'elle n'a jamais rien vû d'indecent au P. Girard ; que pour les baifers, elle n'en a point reçû, & qu'il a été bien éloigné d'exiger rien d'indecent.

Il eft en effet furprenant que la vertu, le merite la probité du P. Girard, n'euffent pas empêché la Cadiere de le charger de tant de libertez, indecentes & impuretez, comme difciplines, baifers & autres. Mais où a-t-on puifé la preuve de la vertu, du merite & de la probité de l'Accufé ? eft-ce dans l'information, dans fes lettres, & fur tout dans celle du 22. Juillet, & dans celle de la Guiol du 30. Août, & dans fes reponfes qui contiennent la preuve complete, nous ne difons pas de cette difcipline, de ces baifers impudiques, de ces libertez criminelles, de ces impuretez, mais de fon commerce avec fa Penitente, & de toutes les infamies dont il l'avoit fouillée? la denegation qu'elle en fait ici, n'eft-elle pas bien dementie par toutes ces preuves ? & n'eft-il pas bien ridicule de lui faire dire qu'elle n'a jamais rien vû d'indecent au P. Girard, qu'elle n'a reçû aucun baifer de lui, & qu'il a été bien éloigné d'exiger rien d'indecent d'elle ? avoit-on oublié qu'elle venoit de jurer fur les le 56. interrogatoire, qu'étant enfermé avec elle qui étoit couchée, il la tiroit au bord du lit, lui passoit une main pardevant & l'autre par derriere, & l'apuyoit sur sa poitrine; & qu'au retour des accidens, elle se trouvoit sa chemise relevée & trouffée, & son Directeur auprés d'elle? sur le 61. interrogatoire, qu'au retour de ses extases ou de ses accidens, elle se sentoit de la douleur aux parties, & mouillée, que s'en plaignant au P. Girard, il lui repondoit: je le crois bien mon pauvre enfant. Sur le 76. qu'étant enfermé avec elle, il lui manioit les côtes & le sein, qu'alors elle tomboit en extase ou en pamoison, & qu'au retour, la douleur & la mouillure qu'elle ressentoit l'avertissoient qu'elle avoit été violée. Sur le 77. qu'il la baisoit à l'Eglise avant que d'entrer au confessional; & sur le 119. qu'il l'avoit faite deshabiller en sa presence, étant enfermé seul avec elle dans sa chambre; n'y a-t-il rien d'indecent dans tout cela? C'est ainsi que les reponses de la Demoiselle Cadiere, & sur tout celles du 27. Fevrier, sont un amas affreux de contradictions & de faussetez, & ne sont pour les Jesuites qu'un nouveau sujet de confusions, & pour l'Accusé une nouvelle conviction: car enfin s'il étoit innocent, pourquoi employer les voyes les plus iniques & les plus criantes, pour faire varier cette pauvre fille, & lui faire nier les faits les mieux prouvez, même par les lettres & les aveux du Querellé? quel aveuglement! ignorent-ils que dans les grands crimes, les variations de l'Accusateur, le departement même absolu de la plainte, ne sont pas des moyens d'absolution pour l'accusé, & qu'il doit toûjours être jugé sur le pied des charges & des preuves: qu'à travers ces reponses on voit encore tous ses crimes, & que les variations qu'on a fait faire à la Querellante en sont une nouvelle preuve.

Nous laissons tous les autres interrogatoires & réponses aux réflexions du Lecteur, il y en trouvera une source bien abondante.

153. *Int.* Qui est-ce qui écrivoit les lettres d'elle au Pere Girard.

A rep. Que c'étoit son frere l'Ecclesiastique, qu'elle dictoit au Dominiquain, & que son frere l'Ecclesiastique les copioit.

154. *Int.* Pourquoi elle les dictoit à son frere le Jacobin, & les faisoit écrire par l'Ecclesiastique.

A rep. Que c'est parce que le Pere Girard étoit accoûtumé à l'écriture de son frere l'Ecclesiastique.

155. *Int.* Si le Pere Girard ne croyoit pas que ses lettres fussent de son caractere.

A rep. Que le Pere Girard ne lui a jamais rien dit sur ce sujet.

156. Nous lui avons fait representer 19. lettres, la premiere sans datte, & sans seing adressée au Pere Girard, la 2. sans datte & sans seing sous la même adresse, la troisiéme en datte du 6. Juin 1730. signé Marie Catherine Cadiere sans adresse, la 4. du 11. Juin 1730. signée de même sans adresse, la 6. du 22. Juin signée de même adressée au Pere Girard, la 7. du 28. Juin signée, & adressée de même, la 8 du 3. Juillet signée de même sans adresse, la 9. du 2. Juillet signée de même sans adresse, la 10. du 21. Juillet signée & adressée de même, la 11. du 22. Juillet signée & adressée de même, la 12. du 29. Juillet signée & adressée de même, la 13. du 3. Aoust signée & adressée de même, la 14. du 6. Aoust non signé & adressée de même, la 15. du 15. Aoust non signée & à la même adresse, la 17. du 26. Aoust non signée & à la même adresse, la 18. du 19. Septembre non signée & à la même adresse, la 19. du 9. Septembre; comme aussi lui avons fait representer sept minutes de lettres, la premiere sans seing & sans datte à l'adresse du Pere Girard, la 2. sans seing, & sans date, & sans adresse, la 3. de même la 4. du 14. Juillet sans seing & sans adresse la 5. de même, la 6. de même, & la 7. du 15. Aoust 1730. sans seing & sans adresse; ensemble une autre lettre écrite à l'Abbé Camerle, la datte du 6. Novembre signée F. Th. Cadiere Jacobin, lesquelles lettres, & minutes de lettres duément par nous paraffées.

157. Et nous l'avons interpellée de nous declarer si le tout a été écrit de sa part, & avoir le tout examiné.

A rep. Que les minutes sont de la main de son frere le Jacobin, à qui elle les a dictées, & les lettres sont de la main de son frere l'Ecclesiastique, & le tout a été de nouveau paraphé avec ladite Cadiere.

158. *Int.* Si elle reconnoit les deux memoires, qui contiennent le journal de son carême, qui commence les dix jours courants, un autre qui commence le 21. du mois de Fevrier de l'année 1730. qui forme le commencement de ce carême.

A rep. Le reconnoitre pour l'avoir dicté à son frere le Jacobin, ainsi qu'il conste par son écriture, la copie étant de son frere l'Ecclesiastique, qu'elle reconnoit pour être la même qu'elle a remis au Pere Girard le 21. du mois d'Aoust manuellement à Ollioules suivant les instances qu'il lui faisoit depuis long-tems de lui remettre led. memoire; & le commencement dudit Carême étant écrit dudit Dominiquain, & qui a été tout presentement parafé de nouveau sur la parafe ja faite avec ladite Cadiere.

159. *Int.* Si ce n'est pas à l'occasion de ce memoire que le Pere Girard a cessé de la Confesser, faché de ce qu'elle l'avoit rendu public, & que son frere le Dominicain l'avoit montré à M. l'Evêque.

A rep. Et accordé, & que son frere le Dominicain ne l'avoit pas rendu public; mais seulement montré à M. l'Evêque.

160 *Int.* Si elle reconnoit un memoire contenant relation de son voyage d'Aix, & un autre au sujet de la sœur de Remusat.

K

A rep. Reconnoitre le premier pour être écrit par son frere le Jacobin, & le 2. par son frere l'Abbé, & qu'elle l'a remis au Pere Girard, lesquels deux memoires ont été par nous paraffés sous la paraffe ja faite avec ladite Cadiere.

161. *Int.* Si elle reconnoit les 14. lettres du Pere Girard que nous lui avons fait representer pour être de l'écriture du Pere Girard lui avoir été envoyées, lors qu'il a cessé de la confesser ensemble les deux minutes de lettres, qui sont d'un autre caractere.

A rep. Et accordé.

162. *Int.* Si étant dans le Couvent d'Ollioules elle ne se plaisoit pas à faire du bruit dans la nuit dans le Couvent, à dire aux Religieuses qu'elle les iroit trouver, & si elle n'a pas été entenduë en faisant du bruit pendant la nuit.

A rep. Qu'elle couchoit dans la chambre de l'Abbesse, que ce sont des imaginations des Religieuses, auxquelles elle ne contribuoit pas.

163. Comminée de nous mieux dire la verité.

A rep. L'avoir dite.

164. *Int.* Si elle n'a jamais été prévenuë en justice.

A rep. Que non.

Lecture a été faite.

SECONDES RÉPONSES DU P. GIRARD, du 1. Mars 1731.

OBSERVATIONS.

Constitué ledit Pere Iean-Baptiste Girar, &c.

10. *Int.* S'il a porté ladite Cadiere à accepter l'état d'obsession.

A rep. Que non, & lui laissa là-dessus la liberté.

Comme l'Accusé n'ignoroit pas les reponses que la Demoiselle Cadiere avoit faites, il crût qu'il devoit concourir de son côté à ce loüable dessein, & passer negative sur tous les faits.

2. *Int.* Si l'ayant visitée dans les incommoditez qui lui firent garder la chambre par intervale pendant l'espace d'environ deux ou trois mois, il ne la crût pas veritablement obsedée.

A rep. Qu'il n'avoit jamais rien vû qui lui ait fait juger qu'elle fût positivement obsedée, ses incommoditez pouvant venir d'autres causes.

L'accusé nie positivement l'obsession de la Demoiselle Cadiere, cependant par ses premieres réponses aux 41. 42. 43. 44. 45. 4e. 53. 56. 57. & 58. il avoit avoué la réalité, en avoit fixé le commencement, les progrés & la fin, & décrit les effets.

3. *Int.* S'il la croyoit assez sainte pour se soûmettre à un pareil sacrifice.

A rep. Qu'il la croyoit assez vertueuse & courageuse pour le faire : mais qu'il lui auroit paru temeraire de conseiller un acte qui a des suites si penibles, attendu son sexe & la rareté des exemples qu'en fournit l'histoire.

Il dit qu'il la croyoit assez vertueuse & courageuse pour accepter l'obsession : mais qu'il lui avoit paru temeraire de lui conseiller un acte qui a des suites si penibles, attendu son sexe, & la rareté des exemples qu'en fournit l'histoire ; tandis que par sa réponse au 42. interrogatoire il dit que cette acte lui avoit paru

trés-heroïque pour une fille, quoique des Saints l'eussent pratiqué ; de sorte que là il regardoit cet acte comme au dessus de son courage & de sa vertu : ici elle lui paroit assez vertueuse & assez courageuse pour l'accepter. Mais n'avoit-il pas avoué la verité de cette obsession, & qu'elle l'avoit réellement acceptée par ses reponses citées dans la precedente observation.

4. *Int.* Si alors elle se confessoit souvent.

A rep. Un couble de fois la semaine.

5. *Int.* Sil la visitoit souvent quand elle gardoit la chambre.

A rep. Qu'il se raporte à ses premieres reponses, & qu'il y est allé une ou deux fois la semaine au vû & au sçû de tout le monde, & apellé par ses parens.

6. *Int.* En quel état il la trouvoit.

A rep. Qu'il la trouvoit quelques fois levée, & que quand il lui prenoit de pretendus mouvemens convulsifs, il appelloit alors, pour la tenir la mere de lad. Cadiere, & la Mariane Laugier ; & quelques fois couchée, ayant un corset, sa robe de chambre & un mouchoir sur le col.

1° Il avoit compris combien l'aveu qu'il avoit fait dans ses premiers interrogatoires, & par sa reponse au 59. qu'il étoit seul enfermé avec sa Penitente pendant les accidens, étoit propre aprouver qu'il abusoit d'elle dans ces momens : aussi il ne manque pas ici d'appeller la mere & la Laugier, afin de n'être plus seul avec elle ; mais la precaution vient un peu tard. res expedita est.

2° Il avoit reflechi que par sa reponse au 57. de ses premiers interrogatoires, il avoit fait suer sa Penitente, en la faisant coucher dans son lit toute habillée dans la belle saison ; ici pour la soulager, il lui ôte aparemment ses juppes & ses bas & ne lui laisse qu'un corset, sa robe de chambre & un mouchoir sur le col : que la chasteté est admirable dans ses precautions !

7. *Int.* Si dans les mouvemens convulsifs, elle ne restoit pas dans un état immodeste.

A rep. Qu'il ne s'est jamais aperçu d'aucune immodestie en ce tems là, ni en d'autres.

Il persiste dans son paradoxe que les mouvemens convulsifs de sa devote n'avoient donné lieu à aucune immodestie, ou du moins qu'il ne s'en étoit pas aperçû : s'il y en avoit eu quelqu'une, ses chastes yeux ne se seroient-ils pas fermez ?

8. *Int.* S'il ne continua pas de la visiter en carême après son obsession.

A rep. Qu'il y alloit de tems en tems lors qu'elle étoit malade & qu'il étoit apellé.

Il faut apliquer ici & à sa réponse au 5. interrogatoire les notes faites sur ses réponses aux premiers interrogatoires concernant les visites.

9. *Int.* S'il croyoit qu'elle vécût sans manger en carême.

A rep. Qu'il avoit panché à le croire, ne la pouvant soupçonner de mensonge pour un fait si important, qu'elle lui assuroit aussi bien que ses parens.

10. *Int.* Si lorsqu'elle alloit à l'Eglise pendant le carême pour se confesser, lui repondant ne l'embrassoit pas avant que d'entrer au confessional, & dans le pur mouvement que l'affection de la direction peut inspirer.

A rep Et nié.

Quoi qu'on lui presente ici les baisers qu'il donnoit à sa penitente avant que d'entrer au confessional, comme des embrassemens qui partoient du pur mouvement que l'affection de la direction peut inspirer, il n'est pas neanmoins d'avis de les avoüer ; c'est assez qu'il en soit convaincu par la procedure.

11. *Int.* S'il la crut effectivement transfigurée le Vendredy St.

A rep. Qu'à la verité il fut très-étourdi du premier coup d'œil, de l'état où il la vit alors, & qu'il pancha à croire alors qu'il y avoit quelque chose de merveilleux.

Il avoüe encore ici la réalité & le merveilleux de la transfiguration du Vendredi St.

12. *Int.* S'il n'a pas vû deux côtes relevées qu'elle avoit, & l'os sternon relevé de deux doigts par l'abondance de graces qu'elle recevoit, & un excès d'amour pour Jesus Christ à peu près comme St. Philippe de Neri.

A rep. Qu'elle lui avoit dit, ainsi qu'elle l'a mis dans son Carême, qu'il ne les a point vuës, mais qu'il les a touchées pardessus le mouchoir qu'elle portoit au col ; surquoi le Repondant lui dit de prendre garde que cette disposition ne vint d'une mauvaise information de naissance, ou de quelque coup qu'elle auroit reçû étant petite, & qu'il lui ajoûta que le Repondant avoit ainsi le côté droit de sa poitrine plus élevé, ce qui ne provenoit que d'une conformation irreguliere.

Il convient d'avoir touché par dessus le mouchoir qu'elle portoit au col les côtes de sa Devote, qu'il prétendoit être relevées par une surabondance de graces, & son os sternon qui est devant la poitrine ; cette precaution étoit suffisante pour rassurer sa chasteté, en effet la tentation auroit-elle pû passer au travers de la mousseline.

2°. il nie pourtant d'avoir vû ces côtes ; mais sa main qui n'étoit qu'un temoin sufisoit-elle pour la preuve du miracle ? & n'y falloit-il pas joindre encore le temoignage de ses yeux pour rendre la preuve complette ? Ces deux sens ne se separent gueres, & ils vont ordinairement de compagnie dans ces sortes d'occasions. D'ailleurs dans les inspections si frequentes qu'il faisoit du stigmate du cœur, se pouvoit-il qu'en chemin faisant il ne vit pas ces côtes ?

3°. Ce Directeur entroit avec une grande charité dans tout le detail de la conformation du corps de sa Penitente, & lui faisoit une confidence de la conformation du sien ; il ne lui laissoit pas ignorer qu'il avoit le côté droit de sa poitrine plus élevé, ce qu'il trouve bon d'attribuer ici à une irregularité de conformation, quoiqu'il lui donnât alors une autre cause, & qu'il l'apliquât à nud sur le côté de sa Penitente : c'est ainsi que tout alloit de moitié pour eux ; on n'a qu'à tirer avec la Loi la consequence qui resulte de cet aveu.

13. *Int.* Si en consequence de l'extase pretenduë dans lequel la Demoiselle Cadiere feignit devant lui repondant d'être élevée en l'air, & qu'elle se crampona des mains contre sa chaise, & que le repondant, qui desiroit une preuve réelle & indubitable de ces extases, voulut lui detacher les mains de la chaise, pour voir si elle ne restoit point élevée en l'air, à quoi elle resista toûjours ; & si le repondant ne vint pas quelques jours après chez elle, & ne lui dit pas que n'ayant pas voulu être revetuë des dons de Dieu, il falloit qu'elle fût depoüillée devant lui, & s'il ne lui fit pas quitter son manteau & ses jupes.

A rep. Et nié, disant que le jour qu'elle resista à l'operation pretenduë, il la reprit severement, mais qu'il ne se formalisa point contre elle, loin de se facher comme elle l'a voulu dire, parce que l'estime qu'il faisoit de sa vertu lui fit croire qu'elle pourroit bien avoir resisté à l'operation par delicatesse de conscience, & crainte de suivre la tentation d'orgüeil, lui

Il semble que l'Accusé en reconnoissance de la variation faite par la Cadiere en sa faveur, ne pense ici qu'à justifier par sa reponse la resistance qu'elle avoit faite, usques à ajoûter que les Confesseurs conseilloient cette conduite pour prevenir les illusions ; mais d'où vient qu'il lui en conseilloit une toute oposée, qu'il la reprit si severement de ce qu'elle resistoit à cette extase, & qu'il en repondant , fachant fur-tout , que très fouvent il n'y a pas la moindre ombre de peché à refifter à des operations exterieures , quoique divines , que bien d'autres faints l'ont fait par humilité , & que tous les confeffeurs le confeillent & l'ordonnent pour prevenit les illufions.

fortit brufquement de depit ; c'eft que l'intereft de fon cœur l'emportoit fur celui de fa direction , & qu'il avoit befoin des momens de cette extafe , & non pas d'eclaircir des doutes qu'il n'avoit pas, comme nous l'avons montré fur le 88. de fes premiers interrogatoires, & dans nòtre dernier memoire, page 9.& fuivantes.

14 *Int.* S'il ne lui a pas donné la difcipline à Toulon.

A rep. Et nié.

Il nie d'avoir donné la difcipline à fa Penitente; mais les depofitions de l'Allemande mere & fille raportées à la page 75. & fuivante de nòtre dernier memoire, & celle de la Batarelle en renferment la preuve.

15. *Int.* S'il ne la point embraffée , ou s'il ne lui a point dit , mon enfant embraffes-moi , en lui portant les mains fur les épaules , & fi elle fortant la tête du trou de la grille ne l'a pas embraffée tout fimplement , fans que les vifages fe foient touchés.

A rep. Et nié , cela n'étant point du tout fa maniere , & étant accoutumé à plus de retenuë.

Quoique cet interrogatoire femble purger prefque de tout venin les embraffemens qu'il donnoit à fa penitente à l'Eglife par la fenêtre de la grille du chœur en prenant riéme la précaution de ne pas faire rencontrer fes vifages , il n'a pas voulu s'en fier à cette précaution , & a crû qu'il étoit plus fûr d'en paffer abfolument negative ; il n'auroit pas mal penfé fi malheureufement les depofitions raportées à la page 43. de notre premier factum ne lui donnoient pas un dementi.

16. *Int.* S'il n'a point introduit la main de la Cadiere fur fon côté.

A. rep. Et nié.

Il prend la même precaution pour le fait contenu dans cet interrogatoire ; néanmoins la depofition de la Batarelle & de l'Allemande mere & fille en prouvent la verité.

17. *Int.* S'il ne lui a point donné un ou deux coups de difcipline au parloir d'Ollioules.

A rep. Et nié.

Puis qu'il avoit nié d'avoir donné la difcipline à fa Penitente à Toulon , pourquoi vouloit-on qu'il avouât de la lui avoir donnée au Couvent Ste Claire d'Ollioules.

18 *Int.* S'il ne lui eft pas arrivé , croyant ces Stigmates divins , de fe mettre à genoux , d'ôter fa calote pour les baifer , tant aux pieds qu'au côté.

A rep. Qu'il peut s'être baiffé pour les voir , mais ne les a point baifez , ni aux pieds , ni au côté , & qu'il fe peut alors qu'il fût fans calotte , attendu les chaleurs.

Il veut ne s'être que baiffé pour voir les Stigmates , & nie de s'être mis à genoux ; la procedure lui donne un peu plus de devotion à ces Stigmates ; & qui a ôté fa calotte par veneration , a bien pû fe mettre à genoux.

Lecture faite, &c.

20. Il ne veut pas convenir d'avoir baifé les ftigmates ; aparemment qu'il a oublié que la procedure l'en convainc , & que par fa reponfe au 78. de fes premiers interrogatoires , il avoit avoué d'avoir baifé le Stigmate du cœur.

30. Aparemment que l'Accufé place la canicule au mois d'Avril , lors qu'il veut n'avoir quitté fa calotte que par raport à la chaleur. Nous avons déja devoilé les motifs de fa devotion , aux Stigmates de fa Penitente par les notes que nous avons faites fur les premiers interrogatoires.

RECOLLEMENT
De la Demoifelle Cadiere.

DU 6. Mars 1631. Catherine Cadiere fille à feu Jofeph , Querelée. A dit qu'elle fe tient à ce qu'elle dit dans fes dernieres reponfes, qui commencent le matin du 27. Fevrier dernier , n'y voulant rien ajoûter ni diminuer , & qu'elle y perfifte : & qu'à l'égard de fes reponfes prifes par ci-devant tant par Nous que par l'Official , & fon expofition prife par le Lieutenant , elle y renonce en ce qu'elles ont de contraire , avec fes dernieres , comme lui ayant été perfuadées par le pere Carme fur le recit qu'elle lui avoit fait des manieres innocentes , & faintes que le Pere Girard avoit eu avec elle , & à force de le lui dire le lui ayant perfuadé ; & lecture faite , y a perfifté , &c.

OBSERVATIONS.

1°. ON lui fait dire qu'elle fe tient à ce qu'elle a dit dans fes dernieres reponfes , qui commencent le matin du 27. Fevrier dernier , fans y vouloir rien ajoûter , ni diminuer , pour en exclure celles faites les 25. & 26. qui étoient conformes à la verité & aux charges.

2°. On la fait même renoncer expreffement aux réponfes faites les deux premiers jours , & à celles prifes par l'Official , & même à fon expofition en ce qu'elles ont de contraire avec les dernieres.

3°. Le motif qu'on donne à ce changement eft , que tout ce qui avoit précédé fes dernieres reponfes , & qui leur étoit contraire , lui avoit été perfuadé par le Prieur des Carmes fur le recit qu'elle lui avoit fait des manieres innocentes , & faintes que le Pere Girard avoit eu avec elle : De forte que ce n'eft pas ici un département abfolu , qu'elle en ait fait , mais feulement une declaration , que c'étoit là le pur effet de la perfuafion du Carme fur le recit qu'elle lui avoit fait des manieres innocentes

centres & saintes *du Pere Girard: Ainsi il s'agit de sçavoir si cette declaration est veritable ou fausse.*

Or pour juger de l'innocence, & de la sainteté des manieres que le P. Girard avoit eües avec la Cadiere, en mettant pour un moment la procedure à part, on n'a qu'à lire sa Lettre du 22. Juillet, celle qu'il avoit dictée à son Agente du 30. Août, & ses propres reponses, & encore les observations que nous avons faites sur le 153. Interrog. de la Cadiere: & pour juger de ce probléme, si cette accusation est veritable, ou si elle n'est que l'effet de la fausse persuasion du Carme on n'a qu'à joindre aux Lettres & aux aveus de l'Accusé, les 124. & 125. Interrogatoires de la Querellante, & les Notes faites là-dessus.

CONFRONTATION DE LA Demoif. Cadiere avec le P. Girard.

OBSERVATIONS.

Du 6. Mars 1731. le Pere Girard n'a proposé aucun Objet.

Après la lecture faite des Reponses de la Cadiere, le Pere Girard dit qu'il ne s'est jamais passé rien que de très-pur, & de très-modeste entre lui, & la Demoiselle Cadiere; qu'il la regardoit comme une sainte Fille qu'il vouloit conduire à la perfection, & que sans entrer dans le détail de tout ce qui est contenu dans les reponses de lad. Cadiere, sur quoi il se raporte aux siennes, il répond en tout de la pureté de ses intentions, & de l'esprit de religion dans lequel il a parlé, écrit & agi.

Et ladite Cadiere a dit sesdites Reponses, à commencer du 27. au matin, & son addition au recollement, contenir verité avoüant de n'avoir jamais rien vû dans le P. Girard que de très-pur & très-saint; répondant pareillement de la pureté de ses intentions, & queledit P. Girard ici présent est le même dont elle a entendu parler.

C'est sans doute en reconnoissance de ce qu'elle avoit varié, & qu'elle venoit de sanctifier tout ce qui s'étoit passé entr'eux. Cela prouve tout au moins qu'il avoit vû les reponses de la Querellante, sans quoi il n'auroit pas manqué de proposer quelque objet contre elle.

Pour la pureté, & la modestie des manieres qu'il avoit eües avec la Cadiere dans sa chambre a Toulon, nous le renvoyons au détail qu'en font l'Allemande, Mere, & Fille, la Batarelle, & la Dame de Reimbaud, dont les depositions sont raportées à la page 75. & 76. de nôtre dernier memoire, & encore à ses propres aveus sur les 74. 77. 78. 84. 103. 106. de ses premiers interrog. & à sa réponse au 12. de ses derniers, & aux reponses de la Cadiere sur les 56. 61. 76. 77. & 119. qui contiennent l'énumeration de ses manieres chastes avec la Cadiere. Pour celles qu'il avoit eües lorsqu'elle étoit au Couvent il n'a qu'à consulter la Dame de Guerin Religieuse, la Sœur Deprat, Lucrece Materonne Converse, & Mariane Materonne Tourriere de ce Couvent, dont on voit les depositions dans le premier Factum de la Cadiere pag. 43. & 44. qui parlent des embrassemens, & des baisers charitables & saints dont il honoroit sa Penitente. Enfin pour juger de la pureté de ses lettres & de ses intentions, on n'a qu'à lire sa lettre du 22. Juillet 1730 & celle qu'il avoit dictée à sa confidente du 30. Aoust suivant. Qui peut douter après cela de la pureté de ses intentions & de l'esprit de religion dans lequel il a parlé, écrit & agi.

1°. On a vû si ses Reponses, à commencer du 27. au matin, & son Addition au Recollement, contiennent verité, ou si c'est là un tas de mensonges.

2°. Les observations que nous venons de faire, montrent si elle n'avoit rien vû dans le P. Girard que de très-pur, & de très-saint: i faloit un superlatif pour contenter ce Jesuite. Est-ce là le langage d'une Querellante en Quietisme, en Enchantement, en inceste spirituel, en avortement contre le Pere Girard, ou d'un temoin qui depose pour la canonisation de celui-ci: Plus res ipsa loquitur quam quod fabulatur homo.

CONFRONTATION du Pere Girard, à la Dlle. Cadiere.

OBSERVATIONS.

Du même jour, la Cadiere ne propose aucun objet.

Après la lecture des reponses du Pere Girard, elle a dit qu'elle n'a jamais eu intention de le tromper, & que quand elle lui a raconté ses visions, elle avoit crû les avoir réellement, soit que son imagination échauffée par les jeûnes & par la lecture de certains Livres, la plongeât dans ces états, soit par des vapeurs de mere, qu'elle avoit depuis sa plus tendre enfance, qui lui causoient des roideurs aux bras & aux jambes, ne pouvant dire ni connoître d'où son mal venoit.

Il faloit reponde à la politesse du Pere Girard qui n'en avoit proposé aucun contre elle.

1o. Ce n'est pas le Pere Girard qui s'excuse ici, c'est la Cadiere, qui proteste de n'avor pas eu intention de le tromper en lui racontant se visions & ses états extraordinaires; ce n'est plus le coupable qui s'excuse, c'est l'Innocent. Quel renversement!

2°. Nous avons montré sur le 150. Int. de la Cadiere, si son imagination échaufé & la lecture de certains livres étoient la cause de ses visions.

3°. Nous avons fait voir sur les 129. & 151. Int. de la Querelante, & dans nôtre dernier

Memoire rag. 6. 7. & 8. *si ces états extraordinaires procedoient des vapeurs, ou de l'Obsession par lui avoüe.*

4º Quelle que pût être la cause de ces visions ou d ces états, dont le Pere Gi a d étoit l'a teur, é ient-ils moins v raables, & l'auroit-elle jamais pû tromper en lui racontant ces visions & ces états tels qu'ils étoient ve : i ablemet.

Et le P. Girard a dit ses deux cayers de repon- ses contenir verité, & que la Querelée ici presen- te, est la même Cadiere dont il a entendu parler.

L'Accusé en d sa t que ses deux cayers de reponses contie nent ve ité co v ent donc que les libertez crimi nelle qu'il y a avo ées, sont verit bles. Comment alier cel a avec les ma ie s trè pures, & très-sain es, dont la Querella te venoit de faire l'éloge; de sorte u'il ici une Comedie?

faut regarder ici toutes ces libertez criminelles, comme si elles étoient inserées da s cette Confrontation. Q el co traste

Enfin, à voi le P. Girard & la C diere ne p o oser aucun bjet l'un contre l'autre, protester respectivemen de la pureté de leurs in entions, & se pro diguer des éloges, diroit-on pas au contraire qu'ils étoient d'accord à joüer ici une Comedie?

REVOCATION DE LA VARIATION.

10. Du matin 10. Mars 1731. sçavoir faisons Nous, &c. Qu'ayant accedé au Monastere des Religieu- ses de sainte Ursule de cet e Ville, pour continuer de proceder à la continuation de la confrontation contre Catherine Cadiere fille de Joseph de cette Ville; & y étant, elle nous a requis de recevoir une Declaration qu'elle prétend nous faire; & après lui avoir fait prêter le serment, a dit, qu'elle se tient à ses premieres réponses faites devant l'Official, & à l'Exposition aussi par elle faite pardevant le Lieu- tenant au Siége de cette Ville, du 18. Novembre dernier, comme contenant verité, ce qu'elle au- roit toûjours sontenu jusqu'au 17. Fevrier dernier du matin. jour auquel la Sœur qui la sert, lui fit boire du vin pur à jeûn, qu'elle trouva salé après l'avoir bû, ce qui lui étourdit les esprits; & Nous étant arrivez dans ce tems pour continuer son Au- dition & son Interrogatoire, & lui ayant represen- té qu'elle seroit jugée par des hommes, qui ne croi- ront point les faits extraordinaires qu'elle nous ra- contoit; & qu'ainsi elle eût à nous dire la verité sim- plement, & qu'elle eût à nous découvrir les verita- bles coupables, qu'elle étoit jeune, qu'en ne disant point la verité elle se perdroit, & qu'on ne croiroit jamais, ni ses Miracles, ni ses Obsessions, ni ses Propheties; & que ces remontrances jointes à l'effet du Breuvage, l'ont portée à dire tout ce qu'il y a de contraire à tout ce qu'elle avoit avancé dans ses réponses dudit jour, dans son recolement, & con- frontation jusques à ce jourd'hui, soûtenant, & re- connoissant la verité de ses premieres réponses fai- tes devant l'Official, & Exposition devant le Lieu- tenant, lesquelles contiennent verité; revoquant tout ce qu'elle peut avoir dit de contraire, tant dans lesd. réponses, récolement & confrontation, & que c'est par crainte qu'elle a dit le contraire à ses premieres réponses, & Exposition; & plus n'a dit.

OBSERVATIONS.

10. C'est ici la pi ce qui a renversé d'un seul coup le fruit de tant de peines. que les Jesuites s'étoient données pour substituer le mansonge a la verité, & qui a enfin rétabli cette ve ité, qui depu s le 2 . Février avoit été si fort obscurcie, & mêm presque éteinte. Cette rév ca tion de la variation fut faite lorsque la Cadiere étoit prête a sortir du Couvent aes Ur uline d Toulon, lieu si ennemi, où elle avoit été dé enüe nepuis le 26. Nove m bre precé ent, pour être traduit à Ollioules, u on el le la fit en cett Ville d'Aix.

20. Quels autres coupables y a oit-il ici à decouvrir que le P. Gira d. qui étoit deja si bien découv rt?

30. Etoit-il question ici de sçavoir si l'on croi oit à ses Miracles, à ses Obsessions, ni à ses rophetie, ou à la verité des faits qui étoient alors si bien éclaircis par la procedure, les lettres & les aveus du l'Accusé.

40. l'Obsession de la Cadiere, & même de plusieurs autres Pénitentes du P. Girard, le secret qu'elle avo t des consciences, & tous es faits ext aordinaires qui s'é- toient passez entr'ell, & même dans six à s pt autres de ses Dévotes stigmatisées, ne sont-ils pas assez bien prouvez par une foule de témoins irreprochables, & par les aveus même de l'Accusé, la Justice p uvoit-elle regarder cela comme une fable?

50. Pardessus ces Visions, ces Obsessions, & ces preten- dües Propheties, n'y avoit-il pas le Quietisme, l'in- ceste spirituel, & l'Avortement? Ces crimes étoient-ils aussi trop metaphisiques, & incroyables pour Mrs les Juges? n'étoient-ils pas assez réels, assez phisiques, assez bien prouvez par tant des temoins legitimes, par les lettres, & les aveus du P. Girard? Et fallo t il m ttre au rang des contes des Fées, ce que la Ca- diere en disoit, & qui étoit si conforme aux preuve invincibles du procès?

60. Si ces remontrances n'avoient roulé que sur cela, auroient-elle été capables de faire si fort trahir la ve-

rité à cette pauvre fille? Plus dictum, minus scriptum.

70. C'est donc par l'effet de ces pretendues remontrances, du breuvage & de la crainte, que la Cadiere avoit varié suivant cette revocation reçüe par Messieurs les Commissaires.

80. Cette rev cation est aussi conforme aux procès, que la variation leur étoit contraire, la Cadiere a confirmé cette revocation par la confrontation mutu lle avec ses fr res & le Prieur des Carmes, où elle a encore mieux é airci la verité, Nous allons y joindre cette derniere; & comme c'est là un texte trop clair pour avoir besoin d commentaire & sur le quelle reflexions se presentent si naturellement, nous n'y ferons auc ne notte.

CONFRONTATION MUTUELLE DE LA DEMOISELLE CADIERE
avec le Pere Nicolas.

DU 18. Avril 1731. pardevant nous, &c. Le Pere Nicolas, a dit que l'objet qu'il a à proposer, est, qu'il a apris par bruit Publi

qu'on a engagé la D. Cadiere à se retracter, & à le charger lui, & cela par promesses & par menaces.

Et ladite Demoiselle a dit, qu'il est vrai que le jour 27. Fevrier, il lui fut donné un Breuvage à jeun, qui étoit du vin qu'elle trouva salé ; que le Breuvage lui troubla & lui interdit les Esprits; qu'il lui fut donné par la Guiol fille de la Guiol zelée partisane du P. Girard, ayant outre cela été intimidée par la Superieure par des menaces & violences tant de la part de ladite Superieure, que de ladite Converse, & autres personnes de consideration.

Sur les réponses des Interrogatoires de la D. Cadiere, le P. Nicolas que de son addition récollement a dit, que si le frere Cadiere a dit, à sa sœur de le prendre pour Confesseur, il l'ignore ; mais qu'il a vû entre les mains de la Demiselle Cadiere une lettre de Monsieur l'Evêque, par laquelle il lui ordonnoit de quitter le Pere Recteur, & de sortir de son Monastere ; que quant aux libertez, que la Demoiselle Cadiere lui a dit que le Pere Girard prenoit avec elle, dès qu'il en sçut une petite partie, il lui en représenta l'indécence, & cela donna occasion à la Demoiselle de lui en raconter davantage, & de le retenir toute une nuit, ainsi qu'il l'a dit dans ses réponses. Dit encore que M. l'Evêque étant venu à la bastide de la D. Cadiere pour la premiere fois, il fit monter ladite Demoiselle dans une chambre, & l'entretint environ trois quarts d'heure en particulier, & à force de l'interroger, de la presser, il lui fit avoüer lesdites libertez ; & que M. l'Evêque étant venu une seconde fois à ladite bastide, & voulant parler à la D. Cadiere de ces libertez, elle & son frere se jetterent à ses pieds pour le prier de ne point parler de ces choses là. Et pour ce qui est du Quiétisme, qu'il n'en a point parlé à M. l'Evêque ; mais que s'il en a parlé à la D. Cadiere, ç'a été sur ce qu'elle lui avoit dit de son état sur la priere, & qu'elle lui avoit dit que le P. Girard lui faisoit regarder la priere comme non necessaire, sous prétexte de l'union continuelle avec Dieu. Dit de plus que non seulement il n'a point porté la Demoiselle Cadiere à faire son Exposition contre le P. Girard, mais encore il est sûr qu'elle ne l'auroit jamais faite, si M. l'Official n'avoit accedé chez elle ; que pour ce qui est de l'Avortement, il n'a sçû qu'il n'étoit dans la plainte, que quand on la lui a lûë ; que depuis qu'on lui a apris que ce fût Mr Martelly, qui voulut ainsi rédiger l'Exposition, quoique la Demoiselle Cadiere lui eût dit qu'elle n'avoit point parlé ainsi dans la premiere Exposition, en lui disant ledit Sieur Martelly, que c'etoit la subsistance. Quant au Breuvage, a dit, que la Demoiselle Cadiere lui avoit dit que le P. Girard lui portoit à boire, & qu'elle trouvoit un mauvais goût à l'eau que le P. Girard lui presentoit, niant de lui avoir dit que ce fût pour lui procurer un Avortement ; niant encore de s'être prévalu de sa foiblesse, & de lui avoir rien persuadé de ce qu'elle a dit. Dit encore qu'elle n'a jamais parlé au P. Cadiere Dominicain de l'état criminel où étoit sa sœur, niant de l'avoir engagée à porter cette plainte en justice, avoüant de lui avoir dit qu'il avoit essayé les Exorcismes pour voir si cela la soulageroit, niant encore d'avoir publié qu'il avoit fait lesdits Exorcismes ; avoüant d'avoir crû que les extases, visions & playes venoient du malin esprit ; quand aux Boules se raporte à ses réponses. Pour ce qui est de la Demoiselle Batarelle, & autres qu'il a exorcisées, a dit, que le Pere Cadiere Dominicain avoit dit à sa Sœur, que M. l'Evêque avoit donné ordre de les envoyer prendre. Pour ce qui est de son oposition à l'accomodement de cette affaire, il s'y prêta entierement, pour qu'il se fit ; niant d'avoir confessé la mere, lorsqu'il étoit interdit ; & pour le surplus il se raporte à sa déposition, & à ses réponses.

Et la Demoiselle Cadiere a dit, que tout ce qui vient d'être dit par le P. Nicolas, est veritable, & que si elle a dit quelque chose de contraire en ses Reponses du 27. & dans le cours de la Procedure, jusqu'au jour de sa retractation, ce n'a été que l'effet du brevage qu'elle avoit pris, & des menaces qu'on lui fit ; en ajoûtant au surplus qu'elle ne pouvoit pas avoir déchargé le Pere Girard de tous les crimes dont il est accusé puisqu'ils constent par la Procedure, & par ses propres reponses, qu'il est même coupable de bien d'autres.

Ledit P. Nicolas nous a requis d'interpeller la Demoiselle Cadiere de déclarer de quelles menaces on s'étoit servi, & de la part de qui elles étoient faites.

La Demoiselle Cadiere a dit que la Superieure du Couvent de Toulon lui avoit dit que quand le Carme se sauveroit de Toulon, tout seroit accommodé, & que si elle persistoit dans son exposition, elle seroit mise à la question, menaces qui lui ont été faites par des personnes qu'elle nommera en tems & lieu.

Et ledit P. Nicolas a repliqué que Monseigneur a parlé avec lui, pour faire retracter la Demoiselle Cadiere il lui dit en même tems que le P. Sabaties vouloit mettre l'affaire en Justice.

Et ladite Cadiere a soutenu le surplus du contenu en ses reponses être veritable, & que c'est du Pere Nicolas qu'elle a entendu parler.

Et la Demoiselle Cadiere a dit qu'elle n'a aucun objet, & qu'elle reconnoît pour veritable tout ce qui est contenu dans la déposition, les réponses, le récollement du Pere Nicolas, & que si elle a dit quelque chose de contraire dans ses reponses, ç'a été l'effet du brevage qu'elle avoit pris, & des menaces qu'on lui avoit faites, & nous a réquis d'interpeller led. P. Nicolas, si elle ne lui a pas dit que lorsqu'elle étoit à Ollioules, le Pere Girard lui écrivoit tous les jours des lettres tendres & badines, & qu'il y avoit dans une, *soyez sage, sans quoi vous aurez le foüet, & ce sera le cher Pere qui vous le donnera :* qu'il y avoir encore dans une de ses lettres une formule de Confession qu'elle devoit faire au Confesseur du Couvent, & que le Pere Girard lui deffendoit de découvrir son état audit Confesseur.

Ledit P. Nicolas a dit ladite interpellation être veritable.

Ladite Cadiere nous a encore requis d'interpeller ledit P. Nicolas, de déclarer si elle ne lui a pas dit que la Demoiselle Gravier étant allée à Ollioules reprendre les Lettres du P. Girard, elle lui en remit plus de 80 ;

Et ledit Pere a avoüé ladite interpellation veritable ; ajoûtant que ladite Gravier avoit une lettre du Pere Girard , & que la dite Gravier ne la montra à ladite Cadiere qu'à travers la grille, ce qu'il a apris de la propre bouche de ladite Cadiere.

Et ladite Cadiere auroit encore requis d'interpeller ledit Pere Nicolas, s'il n'est pas vrai qu'elle lui a dit, que sous pretexte de differentes impressions de la grace, qu'elle avoit sur son corps , le Pere Girard l'avoit baisée sous l'aisselle , & qu'aussi sous pretexte qu'elle avoit une descente , il y avoit porté la main ; & si elle ne lui a point dit que lors de la Transfiguration où elle avoit le visage plein de sang, le Pere Girard ne lavoit pas son visage avec de l'eau qu'il alloit prendre dans une écuelle , & qu'ensuite il en bûvoit la moitié , & en faisoit boire à elle l'autre moitié ? Encore si elle ne lui a point dit que lorsqu'elle s'informoit du P. Girard si ses baisers & autres libertez n'étoient pont criminelles, il lui repondoit, que c'étoit la volonté de Dieu.

Et ledit P. Nicolas a dit qu'il est vrai que ladite Cadiere lui a raconté tout ce que dessus , & que c'étoit dans le tems qu'elle étoit à la campagne , & a soutenu sa deposition , ses reponses , & son recollement veritable.

Après cela qui pourra disconvenir que tout le fruit qui peut revenir aux Jesuites de cette variation aujourd'hui revoquée , & d'ailleurs si démentie par toutes les preuves de la procedure , ne soit de rendre la conviction de leur Confrere toûjours plus certaine , & leur conduite en ce Procès toûjours plus odieuse. Le déboutement que l'Arrêt d'Audience du 30. Juillet dernier a prononcé des Lettres Royaux , que la Cadiere avoit impetrées en tant que de besoin envers cette variation , quoique cette qualité regardât le fonds, nous a forcé à faire cette analise , pour montrer qu'en mettant à part tous les faits de violence , & de menaces , dont nous avions offert la preuve , & en ne jugeant de cette variation que par elle-meme , elle est fausse , & que la fausseté en est prouvée par les lettres, & par les aveux même du Pere Girard ; que c'est avec raison qu'elle a été revoquée , & que la revocation que la Cadiere en a faite , & qui n'est point attaquée , est encore soûtenue par toutes les preuves du Procès.

Que les Jesuites sçachent une fois pour toute que la verité contre laquelle l'Apôtre avoüoit qu'il ne pouvoit rien , triomphera enfin de tous leurs artifices , *Non enim possumus aliquid adversus , veritatem, sed pro veritate.*

C A T E R I N E C A D I E R E.

C H A U D O N , Avocat.

A U B I N. Procureur.

A A I X , chez J O S E P H D A V I D , Imprimeur du Roi & de la Ville. 1731.